認知症介護ラプソディ

笑って学ぶ認知症介護が楽になる40の知恵

まえがき

「認知症介護を笑い話にしてしまうなんて」

この本を手にされた方は、このような発想を不謹慎だと思われるかもしれません。確かに、大切な人が認知症になり、それを受け止めていく過程は、本当に辛いものです。認知症になった人が自分の親であるのか、もしくは祖父母であるのか、その関係性によっても辛さは異なるでしょうが、いずれにしても認知症の介護をしながら、笑って過ごせるようになるまで相当な時間を要することでしょう。笑って過ごせる日なんてすぐには来ないかもしれません。しかし、家族の誰かが認知症になったからといって、過度に嘆き悲しみ、家族全員がずっと暗い顔で過ごし続けることはないと思うのです。

認知症は、そんなに恐れることなのでしょうか？

２０１３年６月に認知症患者数約４６２万人、予備軍を合わせると８００万人という衝撃的な数字が明らかになったということもあり、昨今、「認知症の介護疲れ」、「親の認知症で介護離職」といった私たちの不安をあおるような報道が目立つようになりました。

私は、かつて保健師として要介護認定調査や相談に携わっていたため、若い頃から、認知症の人や家族に接する機会が多くありました。当時の認知症の人たちは、症状が進行して重症化していることが多く、私自身も認知症と聞くと重度の人をイメージしがちでした。しかし実際のところ、認知症の症状は、徐々に進行するものであり、人格がいきなり変わって、突然不可解な行動を取りはじめるわけではありません。認知症の症状で一見理解しがたいような症状でも、その人の生活環境や人生の足取りを考えれば理解することが可能なのです。

認知症については暗い報道も多いですが、実際にはポジティブな側面もあるのではないでしょうか。近年は認知症の治療薬が増え、認知症の治療は今後、進歩することが期待できます。また、認知症の人々を正しく理解し、地域社会で支えていこうという気運が高まっていることも事実です。

私はここ数年、大学の看護学部で老年看護を教え、介護老人保健施設で実習指導をしながら、認知症への理解を深めてきました。そんな最中、同居していた祖母がアルツハイマー型認知症と診断され、認知症について考える時間が私生活でも増えました。

そうすると、仕事で考える認知症と、自分の家族の認知症とでは随分印象が異なることに気づきました。実際のところ、仕事の中で認知症の患者さんと接するようには祖母には接することができませんでした。家族である祖母の場合、例えば物忘れが認知症によるものだとわかっていても、最初の頃はなかなか優しくできなかったのです。

しかし、そんなジレンマを抱えながらも、私や家族は、認知症の祖母の介護に関して笑いながらうまく乗り越えてきました。幸い、これまでの仕事の経験から、介護保険制度についてはおおよそ把握していたこと、認知症や老年看護、老年医学の専門家とともに仕事をしていたことから、制度と知識を活用しながら、認知症の祖母の一つひとつの問題に向き合い、家族とともにスムーズに介護にあたることができました。

一般に、認知症の介護は、変わり果てた本人に家族が翻弄《ほんろう》され、嘆き悲しむようなイメージがありますが、制度や知識を活用し、家族が助け合いながらしっかりと舵を取れば、必要以上に恐れることはないと思います。

本書では、祖母と私と家族のやりとりを少しフィクションも交えてコメディタッチで表現しながら、認知症の介護に前向きに対応していく知恵をお伝えしていきます。本書を通して、少しでも認知症の介護に明るく向き合える人々が増えることを願っています。

◎もくじ

第6章

ついにお迎えか

巻末資料

【介護の知恵】

【認知症レッスン】

第１章

ばあちゃんの様子がなにかおかしい

ばあちゃん家《ち》に居候

2012年4月、大阪に帰りたくてたまらなかった私は、妊娠6カ月の身重な体を抱え、夫とともに横浜の家を引き上げて、大阪の実家近くのばあちゃん家《ち》の2階に転がり込むことにした。実家には私の両親が住んでおり、その近くにばあちゃんが一人で暮らしていた。初産ということもあり、夫婦だけで子どもを育てることに不安だった私は、なにかと頼りになる母の実家の近くに引っ越すことにしたのだ。

「ばあちゃん、ただいま」
「ユウ、久しぶりやな」

久しぶりに会ったばあちゃんは、85歳になっていたが、額にしわが少し増えたかなというくらいで、いたって元気そうに見えた。ばあちゃんは、30代後半から調理師として長年勤めていた大学病院を定年退職したあと、近所のうどん工場で働きはじめた。年齢を感じさせない仕事ぶりを長く賞賛されていたが、トイレが近くなって仕事に支障を来すようになり、82

歳で辞めたのだった。

ばあちゃん家《ち》のガレージには、古びた椅子やら桶やらがらくた同然の物が大人の身長ほども積み上げられ、さらには埃がたっぷりかぶっていた。家の周りにはからからになった落ち葉が山のように積もっており、しばらく掃除がされていないことは明らかだった。

ばあちゃん家《ち》は2階建てで、1階は台所と2つの部屋、2階には3部屋あった。しかしながら、2階のすべての部屋が物置同然になっており、まずはその放置されている物を片付けることが、引っ越し初日の私たちの最初の仕事だった。

そんな部屋の片付けも、その時はそれほど苦にはならなかった。というのも、私は引っ越しの直前に仕事を辞め、開放感でいっぱいだったからだ。妊娠中にもかかわらず、残業に追われる日々だった私は、苦手な上司から解放され、オープンカーでビーチサイドを走っているような晴れやかな気持ちだった。

まさか、この引っ越しという選択が認知症介護の幕開けになるとは、その時は知る由もなかった。

待望のわが子はお腹で順調に育っているし、ばあちゃんの薄汚れた家にしばらく住んで、節約するのも悪くないかも。そんな軽い気持ちで、ばあちゃん家に住みはじめたのだった。

絶え間なき頼みごと

「明日、老人会の掃除があるから代わりに出てくれへんか」

ばあちゃんの頼みごとは引っ越し初日の夜から始まった。

「ええよー」

引っ越し早々の頼みごとに少しムカっときたが、ここは素直に従った。移動やら掃除やらでクタクタに疲れていたけれども、明日会社に行くわけではない。そう自分を納得させた。

翌朝、頑張って早起きをして、8時に「かたつむり公園」に出向いた。公園には、白くてモコモコした犬の散歩をしている白髪のおじいさんがいるだけで、人の気配はなくガランとしていた。周りを見まわしても、誰もやってくる様子はない。仕方なく、そのおじいさんに話しかけてみた。

「すみません、あのぉ、老人会の掃除があるって聞いたんですけど……」

おじいさんは、すぐに私のほうに振り向いて愛想のいい笑顔を見せてくれた。

「老人会の掃除は、もう先週終わったんじゃないかなあ。わしも会員やけど、最近は顔を出してなくてね。でも、老人会の掃除やから、あんたみたいな若い人がわざわざ出てこんでええよ」

「そうですよね。おばあちゃんに頼まれて」

ばあちゃんの勘違いだと悟り、すぐさま家に帰った。

ばあちゃんは、台所の奥にある大きいぬか床に手を入れてせっせとかき混ぜていた。

「ばあちゃん、今日、老人会の掃除なんかないやんか」

「そうか、そうやったかな?」

「漬物だって漬けられるんやから、自分で行けるやん。もう、早起きして損したわ。まぁええけど」

私はムッとして、投げやりに言い放った。

「ユウ、それより、白菜と大根を買えるだけ買ってきてくれ」

(それ、妊娠6カ月の妊婦に頼むかなぁ)

ばあちゃんは、私の都合などおかまいなしだ。

「買ってきてあげるけど、そんなに重いもんばっかりたくさん買ってこられへん。妊婦やから重いもんあんまり持ったらあかんねん」

「そうか、ばあちゃん、足が痛うて歩けんのや」

左膝を押さえながら、訴える。

同情する素振りを見せない私に、今度は整然と言い放つ。

「ばあちゃんは、お腹が大きい時も、重いもん持ったり、よく働いとった」

（いつの話や）

「はい、はい」

私は降参して、車で大根と白菜を買いに出かけた。洗剤なども買いたかったので、先にドラッグストアに寄った。まだ引っ越したばかりなので、いろんな物を買い揃えなくてはならず、思ったより時間がかかってしまった。

ドラッグストアからそう遠くないスーパーに到着し、急いで野菜売り場に足を運んだ。そこには、見覚えのある紫のジャンパーを着たおばあさんが野菜を手に取って選んでいる。

よく見ると、なんと、うちのばあちゃんではないか。

「ちょっと、ばあちゃん、なにしてんの？」

「白菜と大根を買いに来たんや」

「それ、さっき私に頼んだやろ?」

「そうやったかな?」

(……忘れている)

「どうやって来たん?」

「自転車や」

「歩かれへんって言ってたんちゃうん?」

「歩かれへんから、自転車に乗ってきたんや」

イライラしてきた私は、ばあちゃんから野菜を引ったくった。

「もう、私が買っとくからええ、もう帰り」

「そうか」

ばあちゃんは、まだスーパーの棚を見たそうではあったが、杖を突きながら、とぼとぼと自転車置き場に歩いていった。

私は牛肉と野菜、そして、ばあちゃんの好物であるおにぎりせんべいを買って帰った。

家に帰ると、台所の床に買ってきた野菜をどさっと置いた。

「おにぎりせんべいもあるで」

ばあちゃんは、近所の菓子屋のおじさんに何度も修繕してもらったボロボロの木の椅子に腰かけ、にんまり笑っていた。

「ありがとう、ユウ。ユウは気が利くなぁ」

知恵1

自己中心的になるのは認知症のサイン

アルツハイマー型認知症の前駆症状（前兆）として、軽度の人格変化が生じます。具体的には、頑固になったり、自己中心的になったり、人柄に繊細さがなくなったりします。祖母の場合は、元々、自己中心的な性格だったので、「わがままなのは性格のせいかな」と思い、早い段階では認知症と気が付かなかったのです。「前から自己中心的だとは思っていたけど、ここまでだったかな？」といった感じでした。些細な気質の変化も見逃さないことが重要ですね。

会長に盗られた⁉

「ユウ、大きな声では言われへんのやけど」

「なに？」

「会長に盗られたみたいや」

ばあちゃんが小声でぼそりと言う。


会長とは老人会の会長のことだ。7丁目の会長は、悪い人ではないと思うが、その奥さんも少々恩着せがましく、母はあまり関わりたくないと言っていた。

以前、近所で健康座布団の体験会が開かれており、ばあちゃんとその友人たちを体験会に連れ出した。その座布団には電気が流れており、会長は毎日、座っているだけで関節痛などさまざまな病気が治るという代物だった。ちなみにお値段は200万円。

母は、会長が座布団屋とグルで、そのうち、ばあちゃんはその座布団を買わされるんではないかと心配していた。何度か通ったあと、ばあちゃんは怪しい雰囲気を察したのか、自然と行かなくなり、母はホッとしたらしい。

「そんなに小声で言わんでも、家の中やから聞こえへんよ」

「そうか」

「なにを盗られたん？」

「お金や。今日、病院に行ったら、会計のところに会長がおって、お金払ってきてあげるって、ばあちゃんの財布ごと持っていったんや」

今日はなぜか、私に送迎を頼まなかったのだ。

「それはちょっとおせっかいやな」

「返してもらった財布の中を見たら、８万円が失くなってたんや」

「ええっ⁉　それほんまに？」

「ええ人やと思っとったんやけど」

「そんな人が老人会の会長やなんて、許されへんなー」

「でき心やなー」

ばあちゃんは、しょんぼりと目を落とす。

頭にきた私はすぐに母に電話をして、ばあちゃん家に来てもらった。

会長を胡散臭く思っていた私たちは、ばあちゃんの話を本当だと信じた。

ばあちゃんの年金は母が管理していたので、だいたいの所持金は把握していた。母は、お金を入れている引き出しの中を確認した。

「失くなってないよ、お金。ばあちゃんの勘違いや」

母はそう言って、安堵の表情を見せた。

「ほんまか、確かに8万円持っていったと思ったんやけど」

ばあちゃんは目を丸くし、納得がいかない様子だ。

「勘違いにしても、8万円は持っていき過ぎやで」


その時、玄関の扉がガラガラと開く音がした。

「後本さーん」

私が、居間から玄関に続く廊下のほうに顔を出すと、そこに背の高い白髪の老人が笑顔で立っていた。会長だ。私はドキッとした。

「洗剤たくさんもらったんで」

（怪しい座布団屋からもらったのだろうか……）

余計な詮索をしてしまう私。

「あっ、ありがとうございます」

苦笑いをしながら、洗剤を受け取った。

ばあちゃんも後ろから出てきて、お礼を言った。


会長の姿が見えなくなると、ばあちゃんがポツリと言った。

「8万も盗って後ろめたいから、こんなもん、持ってきたんちゃうか」

「だから、お金失くなってないって」

「ええ人やと思っとったんやけど」

「だからもう、違うって」

ばあちゃんは、なかなか自分の思い込みを変えられなかった。

知恵2

物盗られ妄想は1つのサイン

認知症の進行とともに物忘れがひどくなり、日常生活の中で物が失くなるなど不可解な出来事が多くなってきます。本人はその不可解な出来事を自分なりに解釈しようとした結果、「誰かに盗られた」という発想に至るのです。また自己防衛的な思考から、相手に迷惑をかけるだけの存在から脱却したいと考え、相手から迷惑をかけられている存在になろうとすることもあります。その際に、誰かが泥棒を働いているという話を選択し、それを現実に起こっていると錯覚する場合もあります。身内だけでなく、近所の人やヘルパーなども疑われやすいので、本人の言うことを鵜呑みにせず、家族は慎重に事実を確認する必要があります。

認 知 症 の 基 礎 知 識

認知症とは?

認知症とは、さまざまな原因によって脳の細胞が死んでしまったり、働きが悪くなったりすることで、脳内に障害が起こり、認知機能（知能）が低下し、生活するうえで支障が出る状態のことです。

認知症は実は病名ではない?

認知症は、病名だと思われがちですが、病名ではなく、原因疾患の総称です。以下の図が認知症の原因疾患の比率です。以下、原因疾患として発症割合の高い疾患について説明します。

認知症の原因疾患の割合

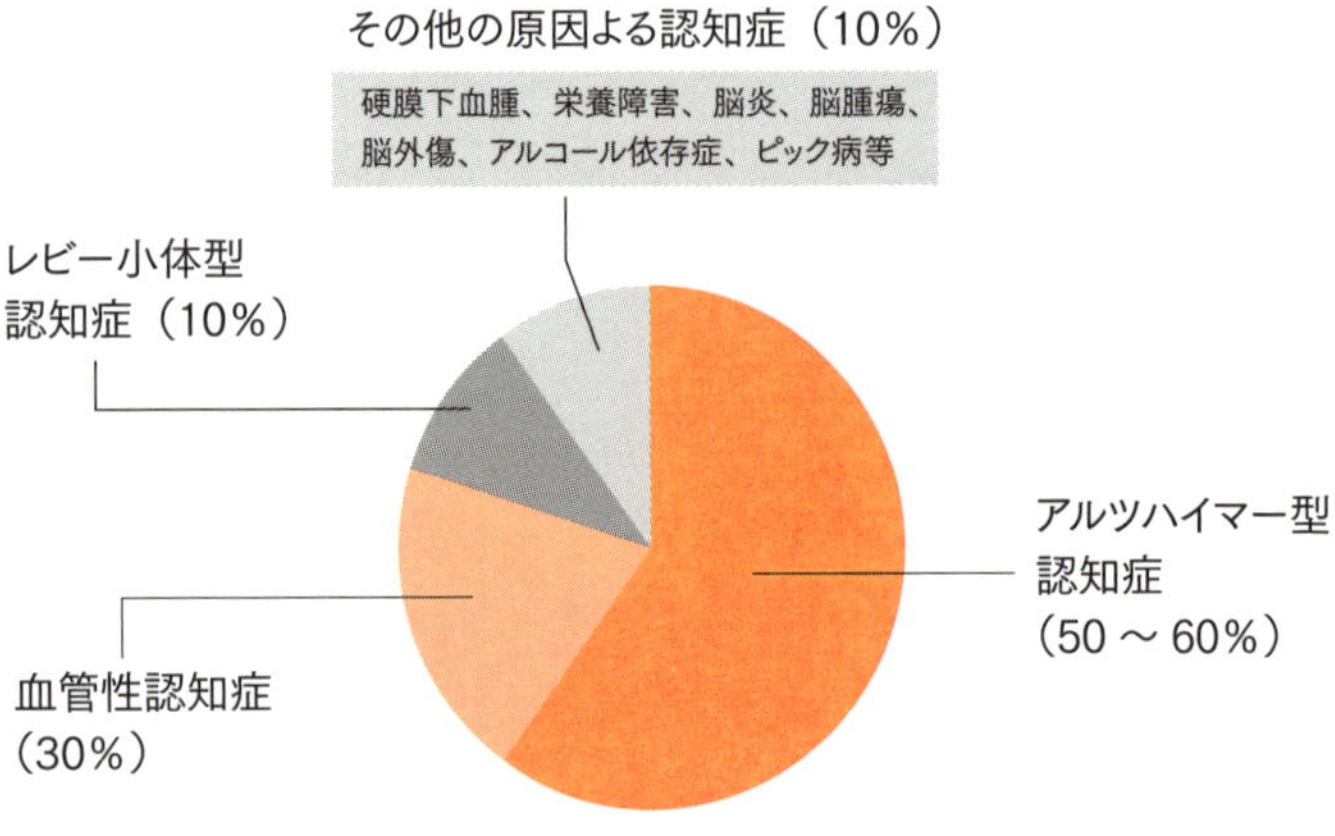

参考：『よくわかる認知症の教科書』（長谷川和夫著）

うちの祖母はこのタイプ

●アルツハイマー型認知症

アルツハイマー型認知症は、アミロイドβというタンパク質が脳内に蓄積することによって発症することがわかっています。アミロイドβが蓄積すると、タウタンパクも蓄積し、脳の神経線維が破壊され、脳が萎縮します。特徴的なのは、物忘れで、物盗られ妄想が生じやすくなります。麻痺などは見られません。患者の雰囲気はなぜか楽観的に見えます。徐々に進行していきます。

●血管性認知症

血管性認知症は、脳梗塞、脳出血、くも膜下出血などで脳の血管が破れたり、詰まったりすることで発症します。障害が起こる場所によってあらわれる症状が違いますが、意欲低下、気分の落ち込み、感情失禁（泣き上戸、笑い上戸に似ており感情のコントロールが利かない状態）が特徴的です。進行は発作のたびにガクンと認知および身体機能が低下します。

●レビー小体型認知症

レビー小体型認知症は、脳の神経細胞の中にレビー小体というタンパク質ができることによって発症します。特徴的なのは幻視（実際に存在しない人や物が見える）です。ぼんやりしているときと、はっきりしているときの差が激しかったり、性格が頑固でしつこくなったりする傾向があります。また、ふるえ、筋肉の硬直、前かがみの姿勢、小刻み歩行などパーキンソン病のような症状も見られるようになります。

膝の痛みと耳のピリピリ

私がばあちゃん家《ち》に住みはじめて数週間ほど経った頃のことだった。

「なんか、神経が走ったように耳がピリピリする」

ばあちゃんは、なぜか急に耳の不調を訴えるようになった。

「ユウが急にやってきて、ばあちゃんを疲れさせたからや」

引っ越しの荷物の整理など、ばあちゃんにはなにも頼んでいないのに、耳の不調を私のせいにされた。

「ユウのせいやー。耳鼻科に連れてってくれ」

ばあちゃんは、物盗られ妄想も見られるようになり、一人で病院に行かせるのは心配なので、車で送っていくようにしていた。

ばあちゃんのかかりつけの病院は、家から車で20分の大学病院だ。死んだじいちゃんが結核を患っていて働けなかったので、ばあちゃんは30代後半から定年までこの大学病院の調理師としてバリバリ働いていた。当時から今も職員対象の割引などもあり、ばあちゃんは病気になるとこの大学病院に行くのだった。

これまでに、内科、整形外科、眼科、皮膚科に通っていたが、これらに加えて耳鼻咽喉科にまで行くことになった。

次の日に耳鼻咽喉科をすぐ受診したが、耳にはなにも異常はないと言われ、薬さえも処方されなかった。

「おかしいな、こんなに耳がピリピリするのに」

「不思議やなー、ほんまにどうもないんやろうか？」

ばあちゃんの耳のピリピリは約1カ月続いたが、そのうちにいつの間にか治ってしまった。


ところが、その次に訴えはじめたのは膝の痛みだった。

「痛くて歩けん」

ひどい時は、トイレまで介助がいるくらいだった。何度も整形外科に連れていった。

「先生にもう手術しかないと言われたわ」

医師から手術についての書類をもらった。

「でも、手術しても変わらんって、シズさんは言ってたし」

書類を見つめ、ばあちゃんは浮かない顔をしていた。

次の日、ばあちゃんが居間や台所をごそごそと動きまわっていた。

「ユウ、手術の書類がないんや。ユウ、知らんか?」

「知らんよ、全くさわってない。自分でどっかにしまい込んで忘れてるんやろ。最近忘れてばっかりやんか」

「ばあちゃんは、きちんとしまっといたはずやのに、ないなんて、ユウがどっかに持っていったとしか考えられへん」

結局、不思議なことに書類は見つからず、その原因を散々、私のせいにされた。あらためて書類をもらいにいこうと言ってみたが、ばあちゃんは急がなくていいと言う。結局、手術を受けたくなかったのだ。どれだけ経ってもばあちゃんは手術を受けようとはしなかった。その代わりに、頻繁に接骨院に行くようになった。送り迎えはもちろん私だ。

知恵3

認知症とともに身体機能も衰えやすい

認知症は、加齢とともに発症率が高くなるので、認知症が発症した時点で身体の機能も低下している可能性が高いと思われます。認知症の前段階であるMCI（軽度認知障害）の時点で、すでに歩行速度が遅くなっているという最近のレポートもあります。認知症が進み、薬がきちんと飲めなくなったり、食事の準備や清潔保持が困難になったりすると、病気にかかるリスクも高くなります。また、認知症の進行とともに尿意や便意をあまり感じなくなり、トイレに行くという行動にうまく移れなくなってきます。記憶障害ばかりでなく、体をトータルに見ていくことが大切です。

知恵4

言い訳、人のせいにするのは認知症のサイン

認知症になると、物忘れや日常生活動作での失敗が多くなり、それを人のせいにしたり、うまく言い訳をしたりして取り繕おうとします。祖母の場合は、元々の性格が、頑固で気性が荒いほうだったので、その度合いが強まっても、それらが認知症のサインだと気づきませんでした。あとから考えれば、認知症の進行とともに元々の個性も強く出てきたのだと思います。

認 知 症 の 症 状

認知症の症状とは?

認知症の症状は以下の通り、中核症状と周辺症状（BPSD：Behavioral and Psychological Symptoms of Dementia）に分けられます。

中核症状はほぼ全ての認知症の人に見られます。

周辺症状は、環境要因、身体要因、ケアの要因に左右されるので、全ての認知症の人に見られるわけではありません。住環境やケアの仕方が適切であれば周辺症状はある程度抑えることができます。

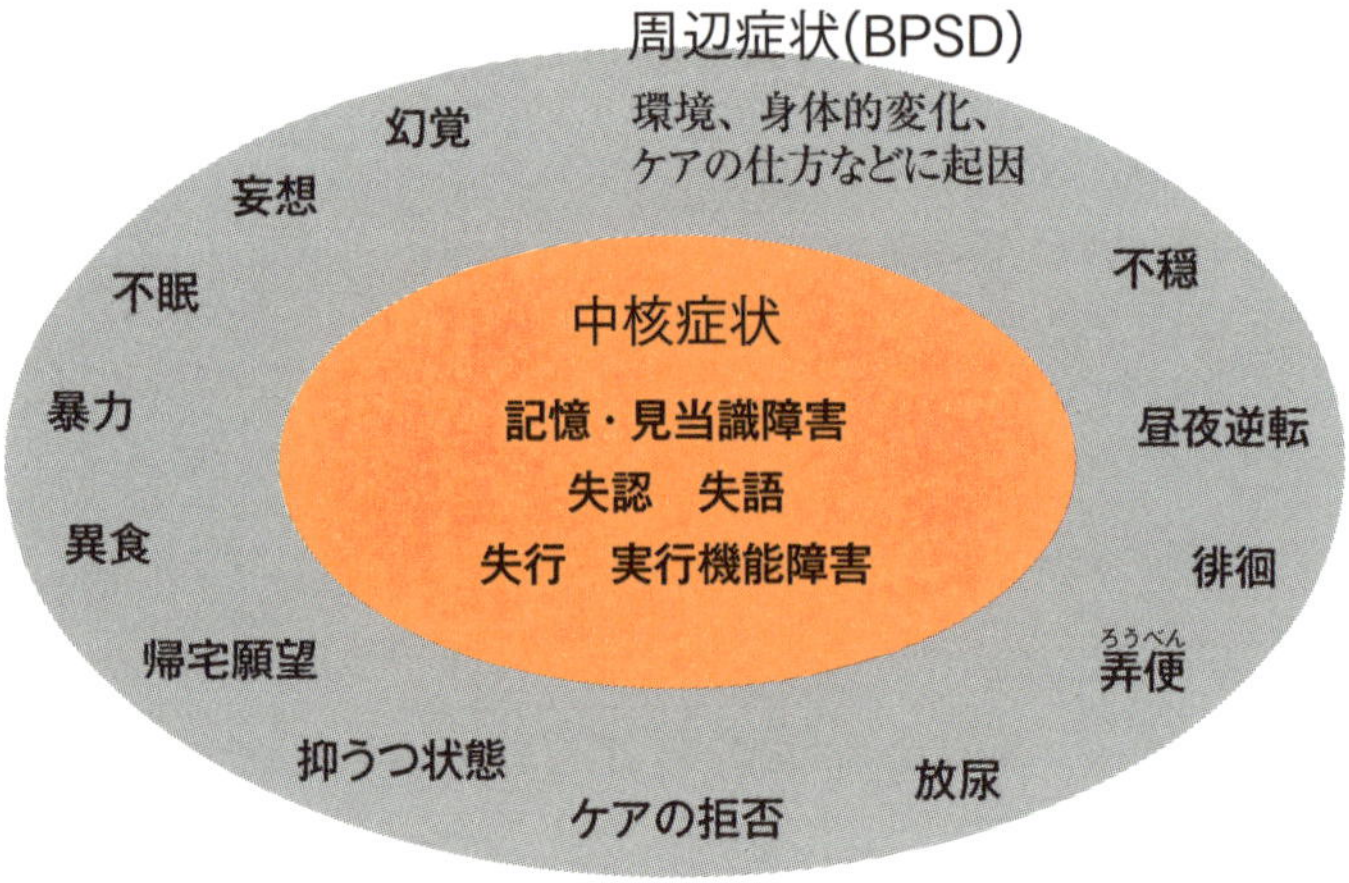

中核症状　認知症になると必ずあらわれる症状

●**記憶障害**　新しい記憶や知識が障害される。先ほど話していたことを、5分後には忘れてしまっていたりする。

●**見当識障害**　今がいつなのか、ここがどこなのか、この人が誰なのかなど、時間の感覚や場所、人の認識ができなくなる。

●**失認（認知障害）**　視覚や聴覚に異常がないにもかかわらず、目や耳から入ってくる情報が正しく認識されない。人を誤認したり、知っているはずのことがわからなかったりする。

●**失語**　言葉の意味がわからなくなり、言葉を正しく使えないため、「これ」「あれ」「それ」などの指示代名詞が多くなる。

●**失行**　身体に麻痺などがないにもかかわらず、目的の行動ができない。例えば、セーターを下半身に着てしまう、歯ブラシで蛇口を磨いてしまうといったことが起こる。

●**実行機能障害**　手順や段取りを考えて物事をうまく進めることができなくなる。例えば、料理をする、出かけるために必要な物を準備するといったことが困難になる。

周辺症状（BPSD）　人によって症状は異なる。住環境、身体的変化、ケアの仕方などに起因する

妄想、幻覚、暴力、不穏（落ち着きをなくす）、徘徊、不眠、昼夜逆転、弄便（便をいじる）、放尿、ケアの拒否、抑うつ状態（気分が落ち込む）、帰宅願望、異食（食べ物ではない物を食べる）など。

知らない男性からの怪しい電話

「ユウ、頼みたいことがあるんやけど。ちょっと足が痛いから接骨院に連れてってほしいんや。今日はちょっと遠い接骨院に行きたい」

居間の座椅子に座っていたばあちゃんは、廊下にいた私に声をかける。

「今から？」

「そうや」

「ちょっと休ませて。昼からやったらあかん？」

私は、毎度毎度のばあちゃんの頼みごとにうんざりした表情を隠せなかった。

「昼からでええよ」


またかと思いながら少しふてくされて、2階に上がると、「リリリリリーン」と昔ながらの黒電話が鳴った。

「後本です」

下の階でばあちゃんが電話を取ったようだった。

「ユウ、大変や。誰か怪しい男がばあちゃんの花壇のシソを引き抜いていると近所の人が教えてくれた、見てくれ」

すぐさま、2階の窓を開けて、裏の小道の両側の花壇を見下ろした。そこにいたのは、背の高い色白の男だった。それはまぎれもなく、私の夫に違いなかった。

「イチロー、そんなところでなにしてんの？　怪しまれてるやん」

「おばあさんに草むしりをするように、頼まれたんや」

「もう、そんなことせんでもいいって」

私は階段のところまで行き、下の階に向かって叫んだ。

「怪しい男なんて、ひどいわ。私の旦那さんやんか。自分が草むしりするよう頼んだんやろ？」

「そうやったな」

ばあちゃんは、ポカンとした様子でつぶやいた。

「それに、あれは市の花壇やろ？」

「そうや、観賞できる花なんかを植えるようにって言われてるんやけど、シソを植えたんや」

ばあちゃんは、昔から鮭のちらし寿司を作るのが好きで、シソを細かく切り、ぱらぱらと上にかけるのがばあちゃん流だ。

「あかんやんか、役所の言うことに従わんと」


昼食を終え、仕方なく、ばあちゃんを車に乗せて、接骨院に向かった。

ばあちゃんの指示通りに車を走らせたが、ばあちゃんのナビゲーションがこれまた怪しい。

「あのあたりや」

「あれ、どこやったかいな」

ばあちゃんを早く接骨院に送り届けたいのに、なかなかたどり着かない。

とりあえず、接骨院から近いと思われるコンビニに車を止め、ばあちゃんと歩いて探しまわることにした。コンビニの周辺をあちこち歩きまわった末に、ようやく目的の接骨院を見つけた。

「これで、コーヒーでも飲んで待っとってくれ」

ばあちゃんは、私の手のひらに100円玉を置いた。

「ええーっ、ずっとここで待っているのは、さすがに困るわ。それに100円ではコーヒーも買われへんで」

ばあちゃんの相変わらずの自己中心ぶりにあきれながら、100円玉を突っ返した。そして、紙切れに私の名前と携帯電話の番号を書いて渡した。

「終わったら、ここに電話して」

ばあちゃんを待つ間、近くのスーパーに買い物に行くことにした。

接骨院での施術は1時間程で終わるはずだが、ばあちゃんからの電話はいっこうにない。買い物を終え、接骨院へ戻ると、接骨院の前でばあちゃんは座り込んでいた。

「ユウ、待っとったんや。電話番号の紙失くしてしもて。ここに入れたはずなんやけど」

ヨレヨレの黒い手提げカバンの中をゴソゴソあさったが、紙は見つからない。

そんなこんなで、私は毎日のように接骨院や大学病院に駆り出された。私はばあちゃんを車から降ろすと、近くの喫茶店などで待機し、ばあちゃんが会計を終え、私に電話をすると、車で迎えにいくことにしていた。

ところが、ばあちゃんが電話番号の紙をいつも失くすため、私は名前と電話番号を書いた紙を毎回5枚渡していた。

「どっかで落とさんとってやー。変な人から電話かかってきたら困るから」

「あんなにもらったはずやのに、電話番号の紙が1枚しかないわ」

「なんでそんなに失くなるん？　カバンの中、一度整理せなあかんで」


数日後、案の定、知らない男性から怪しい電話がかかってきた。

「もう、ばあちゃんのせいで変な男から電話がかかってきたやんか」

私は容赦なくばあちゃんを責めた。

「男から電話がかかってくるとは、よかったじゃないか」

ばあちゃんはなんのことはないという顔をする。

「変質者やで。ずっとかかってきたらどうしてくれんの」

「ふん、そんなややこしい持ち歩き電話、捨ててしまえ」

ばあちゃんは強い口調で言い放った。

祖母と孫という間柄でありながら、どうしていつもけんか腰になってしまうのか。

「もう、そんなこと言うんやったら、病院の送り迎えしたれへんから」

私は手心を加えず反撃し、ばあちゃんの痛いところを突いてやった。

「そ、そんな殺生《せっしょう》な……」

私は、ばあちゃんのすがるような眼から視線をそらし、さっさと2階に駆け上がった。

知恵5

失くし物が多くなれば要注意！

認知症になると、驚くほどいろんな物が失くなります。いつもと違う場所にしまい込み、その場所を忘れてしまうので、見つけられなくなるのです。また、置き忘れも多くなり、行く先々で杖や帽子などを置き忘れてくることが多くなります。年齢のせいだと本人は言うでしょうが、限度を越えた物忘れは、認知症のサインです。失くし物は、物盗られ妄想につながりやすいので、本人の言うことを鵜呑みにせず、客観的に一つひとつ確認していきましょう。

家族が気づける認知症のサイン

私の介護経験もふまえて、家族が気づける認知症のサインを紹介します。

物忘れに関して

- 同じことを何度も言う
- 若い頃の話はするが最近のことが思い出せない
- 置き忘れ、探し物が多くなる
- 人や物の名前が出てこない
- 物盗られ妄想が起こる
- 誤解や勘違いが多い
- 会話についていけない
- 判断や決定ができない

気質に関して

- 怒りっぽく落ち着かなくなった
- 自分の失敗を他人のせいにする
- 自己中心的で相手の意見を聞かない
- ぼんやりしていることが多くなった
- 自信がなさそうでおどおどしている
- 家族に依存的になる
- 疑い深くなった

見当識に関して

- 日付、曜日、月がわからない
- いつもの道がわからなくなる
- 時間の観念がない

※見当識とは現在の年月や時刻、自分がどこにいるかなどの基本的な状況把握のこと

身体機能に関して

- 歩行がゆっくりになる
- 味覚、嗅覚が鈍くなる
- トイレが間に合わなくなる

日常生活に関して

- 料理の味付けがおかしい、料理ができなくなってくる
- 鍋を焦がす
- 電子レンジで温めていた事を忘れる
- 薬の管理ができなくなる
- 買い物や預金の引き出しが難しくなる
- 身だしなみにかまわなくなる（化粧をしなくなる）
- 趣味の活動などをしなくなる
- 連続ドラマを楽しめなくなる

第2章

ついに要介護認定

要介護認定の申請

病院と接骨院への送り迎えに嫌気が差した私は、温泉好きのばあちゃんにデイサービスに行ってもらうことを思いついた。

早速、インターネットで検索したところ、近隣の市に本物の温泉のデイサービスが2件見つかった。

ただし、デイサービスに行くには、要介護認定を受けなければならない。ばあちゃんは一応、杖歩行だし（杖をよく忘れるけど）、要支援ぐらいにはなるだろうと考えた。

役所に要介護認定の申請をすると、次の週には社会福祉協議会の調査員が認定調査に来てくれた。

この時点で認知症だと確信していたが、気の強いばあちゃんを検査のために物忘れ外来に連れていくなんてとうてい無理だと思っていた。ばあちゃんは以前より怒りっぽくなっているような気がしていたが、元々、気性が荒く、厚かましくて有名なばあちゃんだったため、認知症のせいというより、本来の性格が強くなっただけだと家族は思っていた。

調査員の鈴木さんは少しぽっちゃりめの優しそうな人だった。

「こんにちは、後本さん」

「この人は誰じゃ？」

「ばあちゃんを温泉に行けるようにしてくれる人や」

鈴木さんは、仕事とはいえかなり親身になってばあちゃんの日常生活の様子を聞いてくれた。

「もっと、なにか言っておきたいこと、ないですか？　ないですか？」

（私が調査員だった頃はここまで優しかっただろうか？）

私自身も若い頃、田舎の町で保健師をしており、要介護認定の調査員をしたことがあった。

私の予想通り、ばあちゃんは要支援2と認定された。福祉や市のサービスに無頓着なばあちゃんにもわかるよう簡単に説明した。

「お迎え付きの日帰り温泉に行けると市が認定してくれたよ」

「そうか。よかった、楽しみや」

ばあちゃんのように要支援と認定された人たちは、地域包括支援センターというところで介護予防ケアマネジメントをしてもらうことになる。地域包括支援センターとは、高齢者が住み慣れた地域で安心してその人らしい生活が続けられるよう、健康の保持、生活の安定、保健医療の向上および福祉の増進のため必要な援助、支援を包括的に行う地域の中核機関だ。地域包括支援センターは市区町村が設置主体であるが、実際は民間委託されていることが多く、私の市もそうであった。

ばあちゃんに要支援2の認定が出ると、すぐさま、この地域を管轄する地域包括支援センターの看護師である和泉さんが訪問してくれた。和泉さんの話では、居宅介護支援事業所を決めて、担当のケアマネージャー（ケアマネ）にケアプランを作成してもらわないといけないとのことだった。

私自身、かつて田舎の役所の介護保険課で働いていたことがあったので、介護保険制度についてはある程度理解はしていたが、この市の介護サービスの事情については皆目、見当が付かなかった。そこで私は看護師の和泉さんに臆せず率直に聞いてみた。

「やっぱり、どこの業者のケアマネを選ぶかで、サービスの内容が変わってくると思うんです。どの業者も自分のところのサービスを勧めるだろうし、温泉のデイサービスを利用したいなどの希望をちゃんと聞いてくれるようなオススメの業者はありませんか？」

するとと和泉さんは丁寧に教えてくれた。

「今お考えなのは、訪問介護サービスとデイサービスですよね。それなら、金太ケアプランセンターがいいかもしれません。訪問介護サービスを主にやっている事業者なんです。訪問介護サービスはそこでお願いしたらいいでしょうし」

私は、その提案に素直に従ってみることにした。

知恵6

重要な居宅介護支援事業所選び

居宅介護支援事業所（ケアマネージャーが所属）を経営する事業者は、たいてい介護サービスも提供しています。そのため、介護サービスの内容については希望をはっきり伝えないと、ケアマネージャーが所属する事業者の系列の介護サービスばかりを利用することにもなりかねません。提供されるサービスが全て満足できればいいのですが、不満があった場合はサービスの変更や調整が言い出しづらくなります。私の場合は、訪問介護サービスだけを提供している事業者であったので、通所サービスに関しては、他の事業者のいろんなサービスを体験して選ぶようにしてもらえました。居宅介護支援事業所選びは、重要な最初の一歩です。

ケアマネージャーとの対面

「こんにちは、金太ケアプランセンターの佐藤です」

玄関先に現れたのは、サラサラヘアのさわやかな印象の女性だった。

ダンボール箱が雑然と積み重ねられている狭い廊下を通って、洗濯物などが散乱した居間に入ってもらった。座るのが憚《はばか》られるような黒いしみの付いた古くて赤い座布団をそっと出した。佐藤さんは遠慮した様子で、座布団の横にゆっくりと正座した。

「こんにちは、後本さん。ケアマネージャーの佐藤です。今日は、後本さんと介護サービスの利用について、ご相談しようと思ってまいりました」

ばあちゃんは、ぽかんと口を開けてケアマネージャーを見ている。

「この人も温泉に行けるようにしてくれる人や」私がすかさず説明をした。

「ありがとうございます。ありがとうございます」

ばあちゃんは、感謝の表現を連発するが、本当に心がこもっているのかは疑わしい。

「どのようなサービスをお考えなんですか」

「元々掃除が嫌いなうえに、さらに掃除をしなくなっているので、ヘルパーさんに是非来てもらいたいんです」

「掃除ぐらいできるぜ、ユウ」

富山出身のばあちゃんは、時々富山弁が出る。全然掃除をしないくせに、見栄を張りたいようだった。

「手伝ってもらったら楽やで」

「そうやな」

根っからの掃除嫌いなので、ここはあっさり引いたようだった。

「それと、ばあちゃんが温泉好きなので、温泉のデイサービスに行けたらと思っています」

「少し遠いですが、何軒か温泉のところがあります。すぐに手配できますよ」

佐藤さんは快く賛同してくれる。

「あとは、膝のことを気にして、よく接骨院に行くので、通所リハビリも入れられたらと思っているんですが」

「残念ながらデイサービスと通所リハビリの両方は行けないんです。どちらかになるんですよ」

(温泉もリハビリもっていうのは、欲張りなのだろうか)

「体験させてもらえるので、両方とも一度行ってみるのは、どうですか」

なんとも素晴らしい提案だ。

「へぇ、体験させてもらえるんですね。ばあちゃん、試しに両方行ってみたら?」

「いいんですか。ありがとうございます。ありがとうございます」

ばあちゃんの垂れた眼の瞳がキラキラ輝いている。

「それでは、体験の手配をしていきますね。気に入らなかったら、断ってもらって全然かまいませんからね」

佐藤さんはテキパキ話を進めていく。

「まず、金太ケアプランセンターとの契約を結ぶための印鑑をいただいてもいいですか」

「ばあちゃん、印鑑」

ばあちゃんは、少し慌てて貴重品を入れてあるオレンジの衣装ケースの引き出しから、チェック柄の印鑑ケースを取り出し、私に手渡す。印鑑ケースをパカっと開けると印鑑が1つだけ入っていた。

「あれっ、平《たいら》？　これ、ばあちゃんの旧姓の印鑑やんか。後本の印鑑は？」

「ここに入っとったはずなんやが……」

「旧姓の印鑑なんか、使うことある？　もう60年以上前に結婚したのに？」

ばあちゃんは、首をかしげ、印鑑ケースの奥を覗き込んでいる。

「印鑑は、また、次回でいいですよ」

佐藤さんはにっこり微笑みながら言う。

「また、探しておきます。すみません」

フィットネス型デイサービス体験

いよいよ、ばあちゃんの介護サービスお試し体験の日がやってきた。私は少々面倒だと思いながらも、ばあちゃんに付き合うことにした。

まず今日は、身体の機能訓練を重視しているというフィットネス型デイサービスを体験することになった。

フィットネス型というフレーズは、ばあちゃんには似合わないと感じたが、物は試しだ。

家から歩いて5分の距離なのに、ミニバンでのお迎えがあり、ばあちゃんとともに、私も乗せてもらった。

しゃくれた顎が印象的な30代のお兄さんが運転手だった。ピンクのポロシャツがよく似合っている。

ほんの1分程度で入口に到着した。

「どうぞ、こちらへ」

ミニバンを降りて、自動ドアから中に入ると、ばあちゃんの足は止まり、あとずさりした。

「ここは……？」

デイサービスというよりは、ほとんどフィットネスクラブに見えた。ウォーキングマシンやエアロバイク、他にもさまざまな健康機器が並んでいる。

ふと見ると、筋肉隆々のおじいちゃんがバーベルを持ち上げている。

まだ、開所したばかりということで、利用者は少ないようだ。

(場違いなところに来てしまった)

ばあちゃんの青ざめた顔を見て、私もそう思った。

だが、引き返せない。ばあちゃんは、要支援2とは思えないほど素早くUターンをし、帰ろうとした。

「ばあちゃん、ちょっとだけ、ちょっとだけ体験して、すぐ帰ろう」

ばあちゃんの腕をつかむも、振りほどかれる。

「ばばあの来るところじゃない!」

「わかるけど、もう乗せてきてもらったんやから」

懇願の眼差しを向けるも、そっぽを向かれてしまう。

お兄さんも慌てて駆け寄ってきた。

「後本さん、今日は女性が少ないですが、いつもは女性も来ていますので、ご安心ください。女性用のマシンも取り揃えておりますから」

「ユウがやって帰ったらええ」

「私がやるんじゃ意味ないから。ばあちゃんがちょっとやらないと」

ばあちゃんは、少しふてくされた顔をしたが、観念した様子だった。

「ちょっとだけな」

お兄さんは、容赦なくばあちゃんをさまざまな健康機器のところに連れていき、体験させた。

「こんなんやるんやったら自転車こいどるほうがましや。こんなんやっても、なんもおもしろーない」

ばあちゃんはエアロバイクを試しながら悪態をついた。

「まぁまぁ、そう言わんと。フィットネスやし、きっと、ジャグジーのお風呂とかがあるよ」

私の言葉に、ばあちゃんは少し気を取り直したように見えた。

ところが、お兄さんは言いづらそうにペコっと頭を下げながら説明した。

「残念ながら、こちらにはお風呂はないんです。申し訳ありません」

ばあちゃんは、金づちで頭を殴られたかのように唖然となって、もう文句も言わなくなった。

「絶対来るものか」という決意が、エアロバイクをこいでいるばあちゃんからひしひしと伝わってきた。

（わかった、わかった。もう帰ろう）

「もう、本人が疲れたようですし、十分体験させていただいたので、そろそろ失礼したいと思います」

「そうですか。これからは、元気高齢者の時代ですから、高齢者も筋トレが欠かせません。うちを活用してどんどん元気になってください」

「はい、ありがとうございます」

「ありがとうございました」

ばあちゃんは、気持ちのこもっていないお礼を一度だけ言い、二人して作り笑いを見せた。

「もう、近いので二人で歩いて帰ります」

「ご遠慮なく、送りますよ」

「ほんと近いので、歩きます。ありがとうございました」

ピンクのポロシャツのお兄さんを振り切り、二人でとぼとぼ歩き出す。


「ユウ……」

「わかってるよ。もう行きたくないんやろう？　ばあちゃんがリハビリしたいとか言うからこうなったんやで」

「リハビリなんか全然なかったぜ、ユウ。しんどいだけで、なんも気持ちいいリハビリがない」

ばあちゃんは、大きく首を横に振りながら言う。

「ばあちゃんは、もっと体を揉んでもらえると思っとった」

「それは、マッサージやろ？　リハビリっていうのは、自分で動かなあかんねんで」

「そんなん知らん」

マッサージとリハビリの区別など、ばあちゃんにはどうでもよかった。

「まぁでも、お風呂がないってのは、あかんな」

ばあちゃんは、大きく頷き、そこだけは、お互いに意気投合した。

知恵7

いろんな介護サービスを体験してみる

介護サービスを選ぶ際には、すべてをケアマネージャー任せにせず、家族でも調べてみて、興味のあるサービスは、まず体験してみましょう。本人がサービスを嫌がっていても、体験してみて、いいところだとわかれば、気持ちが変わることがあります。介護サービスは、設備やスタッフの活気、利用者の様子など、場所によって全く違います。私の祖母は、大人数でにぎやかなところが好きですが、少人数で静かな感じのところを好む人もいます。少しでも本人が気に入るところを一緒に探してみましょう。

至福の温泉デイサービス！

「あぁ、お迎えが来た」

ばあちゃんは、お気に入りの藤色のシャツに身を包み、黒のパンツをはいている。

温泉のデイサービス体験にも私は付き添うことにした。

本物の温泉というだけで、なんだかこっちまでワクワクしてくる。

エンジ色の文字で「温泉元気デイサービス」と書かれた白い大きなバンが家の前に停まった。

運転席からは、まだ学生らしさが残っている初々しいお兄さんが降りてくる。

「おはようございます」

お兄さんが、ばあちゃんにすっと手を差し伸べると、ばあちゃんはその手にしっかりつかまり、お兄さんに満足そうな笑みを返す。お兄さんは、ばあちゃんを支えながら後部ドア手前の席に座らせると、私に声をかけた。

「ご家族さんも見学でしたよね」

「はい、見学させてもらいます」

「どうぞ」

私はばあちゃんとは反対側の座席に乗り込む。バンには他に誰も乗っていない。見学用の特別便のようだ。

中央環状線を通り、緑地公園のほうに向かう。20分ほど車で走ったあと、目的地にたどり着いた。デイサービスにしては、長い道のりだが、本物の温泉なら行く価値があるというものだ。

目的地について真っ先に見えたのは、目を疑うような光景であった。

建物は数寄屋風の造りで、玄関の周りは日本庭園のような落ち着いた雰囲気で、ししおどしの雅な響きが心地よい。単に華美というわけではなく、しみじみと和の風情を漂わせる趣深い雰囲気はまるで高級な温泉旅館にでも来たかのようだ。

ばあちゃんの顔を覗き込むと、瞳が爛々《らんらん》と輝いている。私はばあちゃんとともに胸をワクワクさせながら、お兄さんの案内に従い、紺色ののれんをくぐる。

黒髪を結わえた若いお姉さんがにこやかに出迎えてくれる。ユニフォームである淡い紫色のつむぎ織の作務衣は、和装ながらも介護はしやすそうだ。素敵なユニフォームに身を包み、あでやかなたたずまいである。

「いらっしゃいませ、体験の後本さんですね。こちらへどうぞ」

進行方向を示した、すっと伸びたその掌の先には、トロピカルな観葉植物が等間隔に置かれた大広間があった。

大広間の中央部には、檜《ひのき》材で作られた四角い足湯コーナーがあり、それを取り囲むようにマッサージ、フットケア、ネイルアートのコーナーが立ち並んでいる。濃い朱色の口紅を引いたネイルアートのスタッフがばあちゃんに微笑みかける。

(私はいったいどこに来たのだろう?)

ばあちゃんは、初めて見る空間に戸惑い、ここでなにが行われるのかもわからない様子だったが、なにかワクワクする雰囲気を感じているようだった。

「なんかいい風呂がありそうやな」

ばあちゃんの胸の高鳴りが聞こえるようだった。

「ほんま、温泉楽しみやな、ほら、そこに足湯まであるで」

ばあちゃんは、大きく頷く。

「後本さん、体験はまず入浴からになります」

ばあちゃんは、さらに大きく頷くと、フットケアコーナーの隣にある女湯の赤いのれんに一目散に向かう。

「後本さん、ゆっくりでいいですよ」

(ああ、そんな早く歩いたら、要介護認定で「自立」と認定されてまうやんか)

ばあちゃんが脱衣所に入ると、介護スタッフが浴場に近い棚へと案内し、着替えを手伝ってくれる。床には竹製のマットが敷き詰めてあり、浴場まで段差は1つもない。

温泉の湯気が扉を開けるたびに脱衣所に入ってくる。本物の温泉の匂いが鼻をかすめる。

洗面所の横の壁には、温泉の泉質や効能が表示された成分表が掲げてある。

「今日は、ご家族さんが貴重品を管理してくださいますか」

「あっ、はい」

（私も一緒にお風呂に入るわけはないか）

「お風呂の中もちょっと見てもいいですか」

（ここまで来て、中を見ないで帰るわけにはいかない）

介護スタッフが真っ裸のばあちゃんの手を引いていく。靴下を脱いで裸足になった私は、その後ろからそろそろとついていく。


「うわぁ」

浴場に入った途端、ばあちゃんと私は同時に大きな声を上げた。

一瞬、露天風呂付の温泉だと思った。よく見ると露天風呂ではなく、大きな窓から日本庭園が見えるお風呂だった。

大きな檜風呂が広がり、その奥には外につながる大きな窓がある。その窓は開いており、その先には、石灯篭《いしとうろう》がそびえている。その隣にはししおどしが鎮座している。その周辺には笹の葉が植わっており、さわさわと葉が擦り合うがする。地面には丸い小石が敷き詰められ、苔むした土が取り囲んでいる。

洗い場には、お決まりの白いシャワーチェアーではなく、千鳥格子の和風柄やペイズリーのモダン柄のおしゃれなシャワーチェアーが取り揃えてある。

ばあちゃんは、大好きな藤色のシャワーチェアーに座り、体を洗ってもらう。（自分で洗えるのに、と思いつつも、ばあちゃんがあまりに嬉しそうにしているので、黙認した）

ばあちゃんは機械浴の必要がないので、介護スタッフに手を引かれながら湯船に入っていく。窓の手前の段差に腰かけ、庭園を眺めた。そして、空を見上げ、眼をつむった。ばあちゃんの至福の表情を見て、私も嬉しくなる。

浴場から出ると、デイルームに案内され、そこにお昼ご飯が用意してあった。なんと、付き添いの私の分まであるではないか。

「ご家族さんの分もありますので、一緒にお召し上がりください。うちは、料理もおいしいところに頼んでますので、ご満足いただけると思うのですが」

スタッフはにこやかに今日のメニューを説明する。

「今日は、鶏団子のあんかけと天ぷら、カニと春雨のサラダ、タコの酢の物です。米は白米か五穀米が選べます。デザートも2種類ありますよ」

粉引の器は高級感があり、給食のような野暮ったさはなない。品よく盛り付けされた鶏団子にはあんが贅沢にかけられている。天ぷらの薄い衣はとても上品だ。カニのサラダはカニかまぼこではなく、なんと本物のカニだった。

ばあちゃんは私のほうを見て深く頷き、目を爛々《らんらん》とさせている。

あまりにおいしくて、私は一気にたいらげてしまった。ばあちゃんは1品1品味わうようにゆっくり食べている。そこにスタッフが入ってきた。

「よろしければ、ご家族さんに別室でご説明をと思うのですが」

「はい、わかりました」

私は、ばあちゃんのそばを離れ、説明を受けるために面談用の小さな別室に移った。

「うちは、施設長が自らリハビリの資格を持っていまして、リハビリやマッサージも受けられるんです。足浴やフットケアなどの清潔保持にも力を入れてますし、理美容サービス、ネイルケアも希望でできるようにしています。こちらは有料にはなりますが」

見た限り、話を聞いた限りだと、いいこと尽くめで、デイサービスという言葉から連想する内容ではなかった。

説明に聞き入っていると、他の介護スタッフが慌てた様子で入ってきた。

「ご家族さん、すみません、後本さんが……。ちょっとトラブルになってしまって……」

スタッフは言いにくそうに、私に視線を合わせる。

「どうしたんですか」

「実はデザートのことで……」

スタッフに連れられて食事をしたデイルームに戻ると、ばあちゃんがすごい剣幕で壁際に仁王立ちし、シャツの両ポケットを必死に押さえている。右のポケットには、未開封の栗まんじゅうを、左には、オレンジのタルトをプラスチックケースごと突っ込んでいる。

「もう食べられないから持って帰ります」

「後本さん、食べ物は食中毒などの危険性もあるため持って帰れないんです」

「こんなまんじゅうで食中毒になるかい」

ばあちゃんは、スタッフに突っかかり、押し問答のようになっている。

（ああ、恥ずかしい）

そこで、すかさず私がばあちゃんをたしなめた。

「ばあちゃん、なにやってんのよ。今日は体験で無料で食べさせてもらっているだけでもありがたいのに、言うこと聞かなあかんやんか。衛生上の問題があるから持って帰ったらあかんねん」

「わかった」

怒り口調でそう言うや否や、ばあちゃんは、口の中に栗まんじゅうとタルトを交互に頬張りだした。

(なんという根性。穴があったら入りたい)

他の席で食事中の利用者も皆、ばあちゃんに注目し、箸が止まっている。

「ほんと、すみません。もうご迷惑ですし、帰ります」

私は深々と頭を下げた。

ところが、こんな事態にもかかわらず、介護スタッフの人たちは、相変わらず笑顔で応対してくれるのだった。

「どうぞ、レクリエーションも見ていってください。ご気分を害されたようですし、もう少しいい物を見ていって決断していただきたい。是非、うちに来ていただきたいので」

レクリエーションといえば、童謡を歌ったり、体操をしたりするのが一般的だ。ところが、眼にした様子は予想に反していた。

「今日は、大玉転がしです。利用者さんに人気なんですよ」

参加する人たちは、介護スタッフに介助してもらいながらデイルームの隣のホールに移動している。参加者は2列の長い列を作り、両側に向かい合うように座っている。中には車椅子で参加している人もいる。

そこへ、体格のいいお兄さんが赤い大玉を持ってくる。大玉は本当に大きくて、ばあちゃんの身長くらいある。

ルールは東チームと西チームに分かれて、タイムを競い合うというものだ。参加者が大玉を持ち上げて頭上を転がしながら次の人に渡す。大玉を往復させ、タイムが早いほうが勝ち。まずは東チームから。


お兄さんは、ポケットからストップウォッチを取り出し、右手に持つ。

「皆さん、準備はできましたか」

参加者は前後の間隔を確認して身構える。

「よーい」

参加者は、真剣な面持ちでお兄さんの合図を待つ。

「どん」

大玉はすごい速さで東チームの参加者の頭の上をすべっていく。要介護者の人たちがやっているとは思えないほどの速さだ。

「59秒です」

ばあちゃんと私は競技の列の斜め後方に特別席を設けてもらっていた。

ばあちゃんは、デザートをたらふく食べたわりには、不機嫌そうな顔をしており、介護スタッフは気を揉んでいた。

「後本さん、お疲れですよね。大丈夫ですか?」

「大丈夫です」

強い口調で返す。

「後本さんもやってみませんか。おもしろいですよ」

「結構です」

声を荒立てていた。

次は西チームの人たちが、移動してスタンバイしている。

「よーい、どん」

西チームも負けてはいなかった。東チームを上回る速さだ。大玉は長い列の上をするすると往復する。そのまま順調に大玉が戻ってくるかに思えたが、復路の途中で誰かの手がすべったようだった。

大玉は、列から転げ落ち、ものすごい勢いでこっちに向かってくる。あまりに突然の出来事で誰も大玉を止められない。

なんと、不機嫌なばあちゃんを目がけて、大玉がごろごろと転がってくるではないか。

隣に座っていた私も、勢いに乗った大玉を止めることができず、果たして大玉はパイプ椅子に座っているばあちゃんを正面から巻き込んでしまった。

ばあちゃんは、目をまん丸く見開いたまま椅子もろとも後ろに倒れてしまった。

「ばあちゃん！」

「後本さん、大丈夫ですか？」

ばあちゃんは、引っくり返った蛙のように、仰向けで手足を広げたまま目を閉じている。

「後本さん、後本さん」

呼びかけに反応しない。

「看護師をすぐ呼んで。後本さん、後本さん」

30秒くらいしたあと、ばあちゃんはパチっと目を開け、むくっと起き上がった。

「大丈夫ですか?」

「もう、もう、もう、こんなとこ……」

ばあちゃんは答える。

「……に来ることに決めました」

「えっ?」

そばにいたスタッフも一瞬耳を疑った。

騒ぎを起こしてばっかりで恥ずかしかった私は、帰ることを申し出た。お兄さんが送迎用のバンを回してくる間、ばあちゃんと私は施設の前のベンチに座って待っていた。

「ばあちゃん。さっき倒れてしばらく起き上がれんかったの、わざとやろ?」

「なんでわかった？」

ばあちゃんは、驚いた表情で私の顔を覗き込む。

「ユウは、ばあちゃんのこと、なんでもお見通しやで」

私の声に力が入る。

「前に、自転車に乗ってて車にぶつかって倒れた時も、腹立つからしばらく寝転んどいたったって言ってたやろ？」

「そうやったかな」

相変わらずのいじわるばあさんぶりに、あきれてしまう。


「いいとこやったなー」

ばあちゃんは、しみじみと振り返る。

「ほんま、こんなにサービスよくなってるんやなー」

なんだか、少し未来のデイサービスを垣間見た気がした。

知恵8
介護サービスは活気のあるところを選ぶ

私のこれまでの経験からいうと、優秀な介護スタッフは、必ずと言っていいほど、高いテンションで仕事をしています。高齢者が元気に過ごすためには、介護スタッフに活気があることが非常に重要です。介護スタッフが暗い雰囲気のところでは、利用者もなんだか元気がないように見えます。サービスを選ぶうえで、介護スタッフの活気は重要なチェックポイントだと思います。

知恵9
家族にとっても便利な介護サービスを選ぶ

介護サービスを検討する際、本人が気に入るかだけでなく、家族にとっての利便性も併せて考える必要があります。介護する人が働いている場合は、サービス内容をしっかり確認しておくとよいでしょう。例えば通所サービスであれば、延長デイで夜遅くまで利用可能か、ショートステイ（短期入所）も併設されているか、薬をまとめて施設に置かせてもらえるか、利用料金は銀行引き落としが可能か、毎回家族の出迎えが必要かなど、家族の負担が軽減されるかをよく考えてからサービス事業者を決定しましょう。本人も家族もWin－Winになる介護サービスを選ぶことが介護が長続きする秘訣です。

ばあちゃんはマジシャン!?

「おはようございます」

玄関先からさわやかな挨拶が響いてくる。

「ケアマネさん来たで」

「ケアマネさんて誰じゃ?」

「会ったらわかるわ」

ケアマネージャーの佐藤さんは、いつもはつらつとしていて、こちらの気分まで清々《すがすが》しくなる。

「で、この人は誰じゃ」

「温泉に行けるようにしてくれてる人」

せっかくの気分が、ばあちゃんの無遠慮な一言で台無しだ。少しイライラして声を荒らげてしまう。

「デイ体験はどうでしたか?」

「温泉がよかったです」ばあちゃんは正直に答えた。

「そうですか、フィットネス型のほうは？」

「最初に行ったとこや」私がフォローする。

「あっあれは、筋肉マンの行くとこです。ばばあ向けじゃない」

首を横に振りながら、はっきりと拒絶する。

「行ったとたん、来るとこ間違えたと帰ろうとして大変だったんです」

自分で言いながら、思い出し笑いをしてしまった。

「そうですか。リハビリをしたいとおっしゃっていたのでいいかと思ったんですが」

「ばあちゃんは、リハビリをマッサージだと思っていたみたいで。接骨院だとマッサージをしてくれるじゃないですか、そんなのを求めてたみたいです」

「マッサージとかアクアベッドとか、そういうのがいいんじゃ」

アクアベッドとはウォーターベッド型のマッサージ器のことだ。血行促進などの一般的なマッサージ効果に加え、静かな波の揺らぎに身を任せているような、上質のリラクゼーション効果が期待できるらしい。

「後本さんは、気持ちいいのがいいんですよね」

「そうです。みんなそうでしょう？」

ばあちゃんは目を見開いて同意を求める。

「そうですね。みんなそうですよね」

佐藤さんはククっと笑っている。

「それでは、温泉に行ける手続きをしましょうね。印鑑は見つかりましたか」

私はばあちゃんと顔を見合わせる。

「ああっ、探すのを忘れてました。すみません。ばあちゃんは探してないよね？」

「印鑑失くなっとったか？」

それすらも覚えていない。

「印鑑はいつもここに」

「だからー、そこには旧姓の印鑑しか入ってなかったやろ？」

「そうじゃったか？」

そう言いながら、ばあちゃんはこの前と同じチェック柄の印鑑ケースをパカっと開ける。

「あるぜ」

「だから、それは旧姓の平《たいら》の印鑑やったんやんか」

「違うぜ、ほら」

ばあちゃんは、私に印鑑を手渡す。印鑑にはなんと後本と刻まれているではないか。

「あっ、ほんまに後本の印鑑や！」

「じゃあ旧姓のほうは？」

「旧姓の印鑑なんぞ、この家にないぜ、ユウ。ばあちゃんが結婚したのは60年以上前なんやから、そんなもん残っとるはずがない」

私は、きつねにつままれたような顔をしながら、ケアマネージャーの佐藤さんのほうを見る。

「不思議ですねー」佐藤さんもしみじみと言う。

「まぁいいわ。あったんやから」

佐藤さんが差し出した書類に私が次々と印鑑を押していく。

「ばあちゃんは、きっとマジシャンなんですよ」

私がそう言うと、佐藤さんはまた、ククっと笑った。

デイサービス親善大使に任命!?

「ばあちゃんの扇子知らんか？」

ばあちゃんは2階まで上がってくるや否や、私の服が入ったタンスを開けたり閉めたりしはじめた。日本舞踊の扇子を探しているようだ。

「もう、こんなとこにないって。私が越してきた時に2階は全部整理したから」

「どこにやったんやろう？　扇子がなかったら、踊りに行っても踊れん」

ばあちゃんは首をかしげる。

「ユウが来てから、物がようなくなるわ」

「私のせいかいな。もう、誰かに借りたらいいやん」

「そうやな、そうするわ」


ばあちゃんは日本舞踊が上達したから見に来いと、強引に私を公民館に連れていった。その行動は小学校の頃に無理やり私に三味線を習いに行かせたことを思い出させた。幼い私はばあさんたちに囲まれて小学生らしからぬ習い事をしているのが嫌で嫌で仕方がなかった。

三味線でとんちんかんな音を奏でるばあちゃんをよそに、私はめきめき上達したものだった。まさにその時と同じ公民館にたどり着いた。ばあちゃんは公民館に足を踏み入れ、挨拶するや否や先に来ていたメンバーに温泉デイの自慢話を始めた。

「すんごい、いい温泉なんですよ。送り迎えもしてくれるしね」

「へぇ、そんないいとこに行っとるんやね。後本さんは」

7丁目の公民館に日本舞踊のメンバーが7人集まり、今日は先生抜きで練習をするらしい。この公民館は、いつから存在するのかかなり古びていて、日焼けして黄ばんだ畳はところどころほつれている。

「じゃあそろそろ練習しましょうか。今日はユウちゃんも見に来てくれているし、発表会も近くなってきたから頑張らないかんね」

扇状に、前列4人、後列3人という配置だった。それぞれ自分のポジションに就き、前列左側端のリーダー的役割の西川さんが黒板の前のラジカセを再生する。その名の通り、CDではなくカセットテープだ。

前列の4人は、それぞれが扇子を振りまわすも、なんだかタイミングが合っていない。後列の左側にいた目付きの鋭い山田さんが声をかける。

「ちょっと待って。前の4人、全然違う踊りをしているけど、どれがほんまやろう?」

「どれも違うような気がする。先週、先生から教わったやつじゃない」

後列右側の長身の山下さんが答える。

「後本さん、覚えとる?」

「全然覚えとらんねー。自分の踊りも皆の踊りも全然覚えとらん」

ばあちゃんは首を横に振りながら答える。

「もう1回音楽かけたら、思い出すかもしれん。もう1回やってみよー」

山下さんが元気な声で皆を促す。

もう一度、元のポジションに戻る。

「よーい、始め」

今度は、前列の4人は上半身を軽く揺らしリズムを取っているように思えたが、すぐに固まってしまった。その時。

「いたっ、いたたたー」

後列の真ん中にいたばあちゃんが中腰になり、両手で左膝を押さえている。

「どうしたで?　後本さん」

6人はすぐさまばあちゃんのそばに駆け寄る。私も仕方なく様子を見に行く。

「膝が、膝が痛くて……。まだ、1つも踊っとらんのに」

ばあちゃんは眼に涙をにじませている。

「もうええよ、ええよ。無理はせんとこう。どうせ、誰も覚えとらんし」

西川さんが優しくばあちゃんを慰める。

「これじゃあ、練習にならんねー」

ばあちゃんがため息を漏らす。

「私らも、年取ったなー」

顔を見合わせて、ふふっと笑う。


7人は練習をあきらめ、お茶を淹《い》れはじめる。

「あぁ、まんじゅう持ってこようと思うとったのに、忘れたわ」

西川さんがくやしそうにつぶやく。

「私は、持ってきとるよ」

山下さんは皆より少ししっかりしている。7人の中では、一番若手だ。ばあちゃんは、遠慮なく山下さんの雛《ひな》まんじゅうにかぶりつく。西川さんが、また温泉の話題を切り出した。

「ねぇ、後本さんの行っている温泉に私も行きたいわー。そんないいとこあるんやねー」

「高いんやないの？」

ばあちゃんと西川さんは若い時によく温泉旅行に行っていた。

「安いよ。保険が利くで」

「私も行きたいわー」

「私も」

「私も」

「私も」

結局、７人でばあちゃんの通っている温泉に行こうという話になった。

「それは無理」と思いつつも、盛り上がっている人たちになにも言えず、苦笑していた。

（そのうち温泉のことなんて皆忘れてしまうだろう）

公民館から帰ると、私はばあちゃんに促され、服が散乱している居間の片隅に、黒いしみが付いた赤い座布団を敷いて座った。

ばあちゃんは、長男の茂兄さんが買ってくれた布張りの回転式の座椅子に腰かける。

「ばあちゃんも、あかんようになったわ」

「誰も踊り方覚えてないなんて、冗談きついわ。笑いこらえるの大変やってんから」

私は、プッと吹き出してしまった。

「ばあちゃん以外の人もあんなに忘れるんやから、ばあちゃんも遠慮せんと踊りに行けてええやん」

「それもそうやな。でも、発表会が心配やな」

ばあちゃんがぼそっと言う。

「あんなんで、発表会なんかするんや」

私の半笑いに、ばあちゃんが少しムッとした。


「で、さっきの話やけど、ほんまに皆で温泉行けるかな」

「ええっ？　ちょっと待って。本気で言うてるの？　健康ランドとちゃうで。介護サービスやで」

私はあきれて、強い口調になってしまう。

「皆で行けたら、楽しいと思うんやけど、あの人に頼んだら行けるんやないんか？」

「あの人ってケアマネさんか？　誰でも行けるとこやないねん。ばあちゃんは膝が悪くて杖突いてるから、かろうじて行けるんやから。役所で介護が必要と認定されへんと行かれへんねん」

「そうか、なんか面倒臭さそうやな」

面倒臭いことが嫌いなばあちゃんは、あっさり引き下がった。

「ばあちゃんさえ行けたらそれでええ」相変わらずの性格だった。


次の日の朝、ばあちゃんに叩き起こされた。ばあちゃんは1階から大声で叫んでいる。

「ユウ、大変や。7丁目の年寄りが入れ替わり立ち替わり来るんやけど、どうしたらええ?」

「ええっ、どういうこと」

私は2階の部屋から顔を出して、階段の下にいるばあちゃんを見下ろした。

「温泉のこと、皆聞きたいらしいんや」

「ええっ?」

私はベランダまで小走りで行き、家の前の通りを見下ろすと、7~8人のばあさんたちが立ち尽くしている。

慌てて階段を駆け下り、ばあちゃんに、睨みをきかす。

「もう、どういうことなん?」

「踊りの連中がおしゃべりやけー」

「もう、そんなに皆、温泉行きたいん？　もう、ちょっと勘弁してよ」

「ユウ、説明したってくれ」

「もうー」

私は、ふてくされながら温泉のデイサービスについて説明するために、表に出た。

その日から、7丁目中の年寄りが入れ替わり立ち代りうちに来るようになってしまった。


1週間後、ケアマネージャーの佐藤さんがまたやってきた。

「こんにちは、その後、介護サービスはうまくいっているでしょうか」

「介護サービス？」

福祉について全くわかっていないばあちゃんに、私が説明する。

「温泉のこと言ってはるんや」

「温泉は、ほんまにいいとこです。もっと行きたいぐらいです」

珍しくばあちゃんの言葉に心がこもっている。

ばあちゃんは、要支援2なので、週に2回しか通所サービスを受けられなかった。

「私の行ってる温泉に、踊りの皆も行きたいって言ってて。今さっき、表を通りかかった人も西川さんに聞いたとかで、温泉に行きたいって言ってまして」

ばあちゃんは、腰かけている座椅子をわざと回転させながら訴える。

「だから、皆がみんな行かれへんって言ったやん。なんか7丁目中に温泉の話が広まっていて、皆温泉に行きたい行きたいって言って、うちに来るんで困ってるんですよ。私がいる時は、状況を説明しているんですが」

佐藤さんはプッっと吹き出した。

「そっ、そうなんですか。後本さん、皆さんを連れて差し上げられればいいんですが、市で要介護認定というのを受けて認定されないと行けないんですよ」

「はぁ、そうですか、よくわからんけど、行けんのんですね」

「状態によっては、行ける人もいるかもしれないですが……」

「後本さんのような人は初めてですよ。ほとんどの高齢者がデイサービスに行きたがらないんですよ。私もいつも説得するのに苦労しているんです。行ってみたらすごくいいとこなのに、体験すらもなかなか行ってくれないんです」

いつになく佐藤さんの言葉に力がこもっている。私は軽い気持ちで言ってみた。

「ばあちゃんが誘ったら、皆行くんじゃないですか?」

「本当ですね」佐藤さんは目を輝かせた。

「後本さん、よかったら温泉に行けるのに『行かない』って言う人に、温泉を勧めてあげてもらえませんか」

まさか、本当に誘うことを頼まれるとは思わなかった。

「いいですよ、お安い御用です」

こうして、ばあちゃんはデイサービス親善大使に任命された。

知恵10

クチコミや利用者の声を参考にする

クチコミの情報は信用し過ぎてもいけませんが、どこのサービスがよいかなど、すでに利用している人に直接聞いてみることはいいと思います。どこの介護サービスがお勧めなのかは、役所では教えてもらえません。また、初めて介護サービスを利用する場合は、制度が複雑で、どの機関からどんな職員が派遣されてきたのかわかりにくいと思います。すでに介護をしている人に介護や介護サービス利用のコツについて聞けるといいですね。認知症の家族の会、認知症カフェなど、積極的に利用してみるのもいいでしょう。

表彰され過ぎるばあちゃん

「今日は、教育・研究業績を出さなあかんかって」

いつものようにばあちゃん家の居間で母とばあちゃんと3人でお茶を飲んでいた。私は、職場での出来事をなんでも母に話すようにしていた。

「今までに表彰されたことを書く欄もあって。こんなに生きてきたわりに1回も表彰されてないことに気づいたわ」私はため息をもらす。

「誰もが表彰されたら表彰になれへんからな。ユウはよく頑張ってきたと思うよ」

温かいコーヒーをすすりながら母は私を励ます。

「そういえば、ばあちゃんはよく表彰されてるみたいやで。なぁ、ばあちゃん。表彰状いっぱいもらってたやろ?」

母が少し鼻で笑いながら言った。

私と母の会話に徐々についていけなくなっているばあちゃんは、きょとんとした顔をしている。

「ほら、そこの引き出しにいっぱい入れとったやろう?」

ばあちゃんの嫁入り道具だったと思われる針箱の引き出しの黒い金具を引っ張ると、あふれんばかりのハガキ大の厚紙が出てきた。よく見ると表彰状と書かれている。

「『あなたは、通所してから毎回欠かさず、植物に水やりをし、温泉元気デイサービスに貢献されました。ここにその功績を称え、表彰します』やって」

「ばあちゃんすごいなー。これは、洗濯物をたたむこと、これは、遊び道具の片付け、ボウリング大会優勝、うわぁ、いっぱいあるなあ、表彰状」

ばあちゃんは、ふふんと得意げな顔をした。

高齢者を表彰することが認知症の進行の予防に効果的であると、なにかの本で読んだ記憶がある。高齢者施設を学校のように見なして、オール甲（高齢者は甲乙丙での評価がわかりやすいのだ）の通知簿を3カ月ごとに渡すと高齢者がどんどん元気になるらしい。

ばあちゃんが、台所にみかんを取りに行ったすきに、私と母は正直にもらしてしまう。

「昔のばあちゃんやったら、花に水やったぐらいで表彰されたら、馬鹿にしてるんかって言って怒ったやろうな」

「ほんまやな、あんなことで喜んで子どもみたいになってしもたな」

ばあちゃんの衰えていく姿を見ることは、私よりも母のほうがずっと辛いに違いない。少し物哀しくなった気持ちを切り替えようと、話を変えてみる。

「今日は、上司に認知症の人にいい環境について教わったんやけど、その中に見当識への支援というのがあって」

「見当識?　どういうこと?」

「つまり、日付や季節感のある物を周りに置いておくことが重要やってこと」

「あー、それやったらちょっとやってることになるかな。ばあちゃんが季節感のある下絵に色を塗るカレンダーをいつも温泉で作ってくるやろう。それをほら、順番にお母さんが飾ってるから」

母が障子の上のほうを指差した。塗り絵カレンダーが天井のフックに引っかけて飾ってある。

ばあちゃんの塗り絵は驚くほど上手で、色鉛筆にもかかわらず、絵の具のようにさまざまな色を重ね塗りして、絶妙な色彩を出していた。

カレンダーの塗り絵に気を取られて、4月から7月までの4カ月分のカレンダーが飾ってあることにしばらく気づかなかった。

「あかん、あかん、4月から7月まで全部飾ってるやん。それやったら、春なんか夏なんかわからんやん」

ばあちゃんが、みかんを両手に居間に戻ってきた。

「みかん食べ」

ばあちゃんは、青い夏みかんを1つずつ私と母に手渡した。

みかんはばあちゃんの好物で、東京にいるばあちゃんの弟がよく送ってくれる。

「ばあちゃん、塗り絵うまいなー。色鉛筆やのに重ね塗りするなんて、よく思い付いたな」

「きれいやろ、小学校の先生が教えてくれたんや」

ばあちゃんは得意げな表情をする。

「よく覚えてるな、小学校の時のこと」

認知症の人たちは、なぜかよく小学校時代の話をしてくれる。その年代の人たちにとって小学校時代は古き良き思い出のようだ。


「ばあちゃん、今、何月かわかる？」

ばあちゃんは、母が天井のフックに吊り下げた塗り絵のカレンダーを盗み見た。ばあちゃんの眼がぎょろりと左右に動く。

「ううっ」ばあちゃんが、言葉を詰まらせた。

「きっ、季節でもいいで」

（もう春でも夏でも正解かな）

しばし宙に迷ったばあちゃんの眼は、いつの間にか床の間に飾ってあった季節はずれの柿が描かれた色紙に焦点を合わせていた。

「今は、あっ、秋か？」

知恵11

塗り絵などの芸術的な作業を勧めてみる

塗り絵は、特別な技術を必要としない作業ですが、塗り絵の内容を工夫することにより、脳を広範囲に活性化させ、ストレスを解消し、認知症の進行を抑制するといわれています。また、塗り絵に限らず、絵画・粘土細工、陶芸、彫刻、写真、連句、詩歌、俳句、自由画、心理劇、ダンスなどさまざまな芸術的表現が認知症の人によい影響をもたらします。言葉では表現しにくい情緒や願望、幻想などを自分の好きな方法を通して表現することで、不安を解消したり、感情を解放したりすることができます。本人の生活歴を振り返り、興味を持って取り組みやすい表現方法を用意してあげるとよいでしょう。

知恵12

時間や季節がわかる物を身の回りに

認知症の進行とともに、日付や曜日や時間がわからなくなってきます。そして、正確な日付や曜日がわからなくても、季節だけはなんとなくわかるという状態が訪れます。重度になると季節さえもわからなくなってきます。見当識(注)を維持しやすいように、カレンダーや時計をわかりやすい場所に設置したり、新聞や季節に関する飾りや置物などを目に付きやすいところに置いたりすることが、季節や時間の感覚の維持に有効です。そうした、一つひとつの配慮が毎日の生活の安定につながります。介護者も介護をしながら季節を意識できるような、そんな気持ちにゆとりが持てる介護ができればいいですね。

(注) 見当識：現在の年月や時刻、自分がどこにいるかなどの基本的な状況把握のこと。

第2章

ついに要介護認定

要介護認定の申し込みからサービス利用までの流れ

市町村の窓口に要介護（要支援）認定の申し込みを行うと、調査員が対象者を訪問し、心身の状況について調査を行います。

チェックシート式の基本調査に基づいて１次判定が行われます。項目を選択するだけではわからない「介護の手間」や頻度を記述するのが特記事項となります。特記事項と主治医の意見書の内容は２次判定で反映されます。特に認知症では、特記事項と主治医の意見書が重要となります。

要支援の人は地域包括支援センターで、要介護の人は居宅介護支援事業所でケアマネージャーにケアプランを作成してもらい、介護（予防）サービスを利用します。

2015年４月から、介護予防サービスのうち訪問介護・通所介護が、市町村が設置する介護予防・生活支援サービスに移行され、介護保険から外されます（2017年度末まで移行期間）。また、非該当の人でも基本チェックリストで必要と判断されれば介護予防・生活支援サービスを利用することができます。

地域包括支援センターは市町村が設置しているため、住んでいる地域によって利用先が決まりますが、居宅介護支援事業所は本人や家族が業者を選び契約をしなければなりません。

サービスの利用は要介護度ごとに限度額があり、要介護度が重いほど多くのサービスを利用することができます。利用料は一律１割負担でしたが2015年8月から１割または２割負担（所得に応じて）に変更になりました。

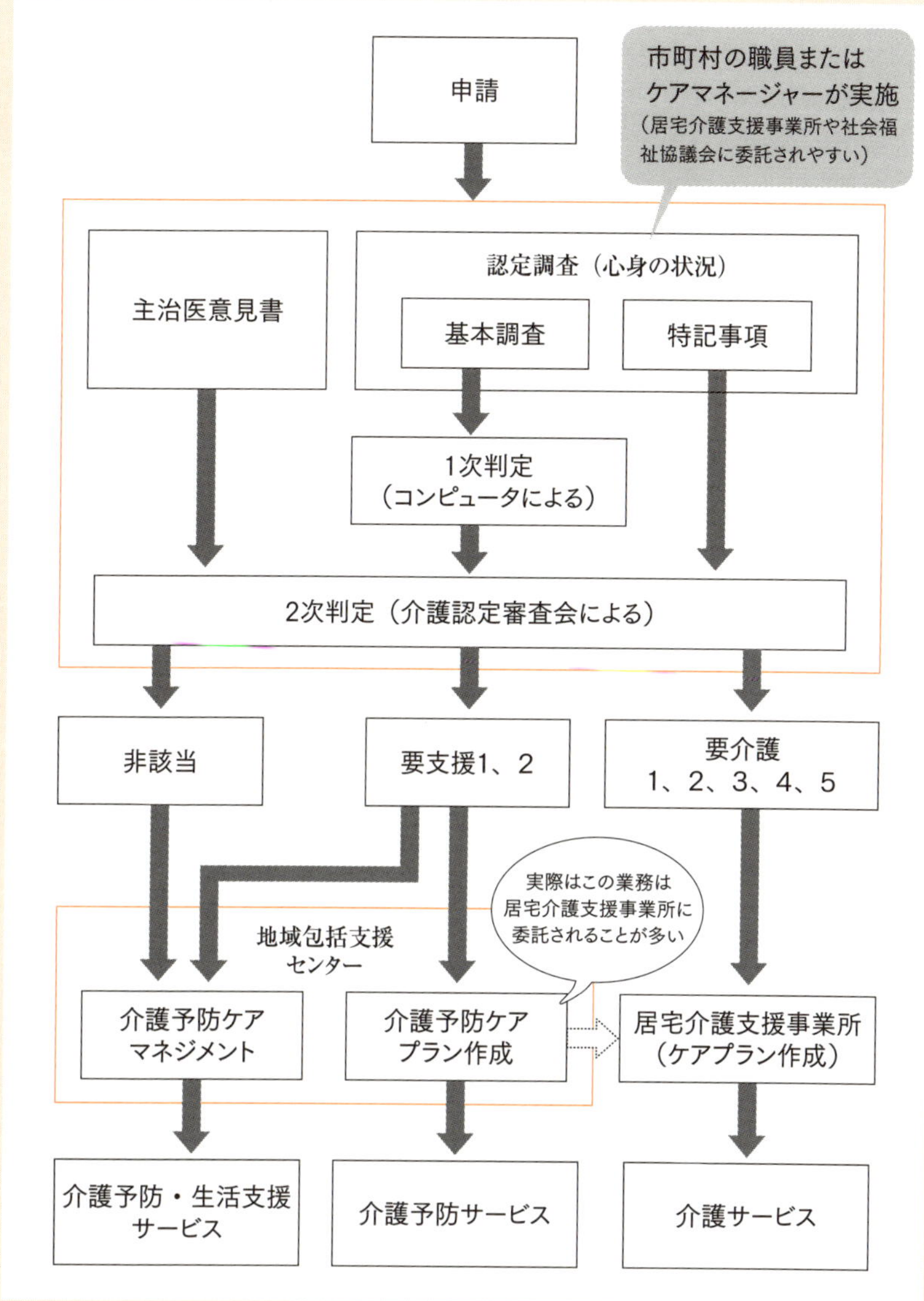
申請
市町村の職員または
ケアマネージャーが実施
（居宅介護支援事業所や社会福
祉協議会に委託されやすい）
主治医意見書
認定調査（心身の状況）
基本調査
特記事項
1次判定
（コンピュータによる）
2次判定（介護認定審査会による）
非該当
要支援1、2
要介護
1、2、3、4、5
地域包括支援
センター
実際はこの業務は
居宅介護支援事業所に
委託されることが多い
介護予防ケア
マネジメント
介護予防ケア
プラン作成
居宅介護支援事業所
（ケアプラン作成）
介護予防・生活支援
サービス
介護予防サービス
介護サービス

要介護認定調査のための準備における8つのポイント

要介護認定の調査時には、ありのままを伝えることが重要になってきますが、ありのままを伝えることは意外と難しいというのが、祖母の認定調査を経験したうえでの感想です。取り繕った回答をしたり、言葉足らずな説明をしてしまうと、要介護度が低く評価されてしまう可能性もあります。そこで、まずは質問内容を事前に知り、具体的にどう答えるかを考えておきます。さらに答える内容はメモしておくとよいでしょう。また、本人が怒り出しそうな回答については、メモに書いて調査員に渡すという手段もあります。答える内容の精度を上げ、情報を正しく要介護度に反映してもらうため次の８つのポイントを押さえておきましょう。

1 申請時および更新時には、認知症を診ている医師を主治医とする。

2 要介護認定の前に主治医に現在の状況（手間がかかること、困っていること）を十分伝えておく。

3 普段からどんなことに介護の手間がかかっているかをメモしておく。

4 調査項目（次頁）を参考にして、答える内容を簡単に書き出しておく。

5 介護サービス事業者に施設利用時の様子について直接尋ねる。または、ケアマネージャーに確認を依頼する（要介護認定調査に必要という旨を申し出、手を焼いていることなどを包み隠さず教えてもらう）。

6 認定調査に同席してもらうように担当のケアマネージャーに依頼する。もし限度額いっぱいにサービスを利用している場合はその状況をケアマネージャーに詳しく伝えてもらう。

7 調査員に特記事項を詳しく書いてもらうようお願いする。

8 要介護度が重くなれば、サービスの利用量は増やせるが、料金も上がることを心得ておく。今のサービスが足りているなら、更新時に、要介護度が前回より低く出た場合でも、変更申請をするかをよく考える（要介護が低いと料金も安くなる）。

参考

●要介護認定調査項目

1群(身体機能・起居動作)	2群(生活機能)	3群(認知機能)	4群(精神・行動障害)	5群(社会生活への適応)
1.麻痺等の有無	1.移乗	1.意思の伝達	1.被害的になる(物盗られ等)	1.薬の内服
2.拘縮の有無	2.移動	2.日課の理解	2.作話をする	2.金銭管理
3.寝返り	3.えん下	3.生年月日や年齢を言う	3.泣いたり笑ったり感情不安定	3.日常の意思決定
4.起き上がり	4.食事摂取	4.短期記憶	4.昼夜逆転	4.集団不適応
5.座位保持	5.排尿	5.名前を言う	5.同じ話をする	5.買い物
6.立位保持	6.排便	6.季節の理解	6.大声を出す	6.簡単な調理
7.歩行	7.口腔清潔	7.場所の理解	7.介護への抵抗	
8.立ち上がり	8.洗顔	8.徘徊	8.家に帰る等と落ち着かない	
9.片足での立位	9.整髪	9.外出し戻れない	9.外に出たがり目が離せない	
10.洗身	10.上衣の着脱		10.物を集める	
11.つめ切り	11.ズボン等の着脱		11.物を壊す、衣類を破る等	
12.視力	12.外出頻度		12.ひどい物忘れ	
13.聴力			13.独り言、独り笑い	
			14.自分勝手に行動する	
			15.話がまとまらない	

詳細は巻末資料「要介護認定の認定調査資料」(P250)を参照のこと。

認定調査での「特記事項」を有効に使う ①

要介護認定調査の基本調査はチェックシート方式ですが、それだけでは、「介護の手間」を十分伝えることができません。なぜそのように答えたのか具体的な理由や、判断に迷った理由を調査員にきちんと説明しましょう。

認知症の行動障害について判断する基本調査の4群(精神・行動障害)について、祖母の時の回答例を挙げて説明します。

●基本調査4−1 物を盗られたなどと被害的になることについての質問の際、物盗られ妄想以外に被害的になることを具体的に伝える。

（回答例）デイサービスで自分だけ皆と同じ食事を出してもらっていないと毎回スタッフに怒鳴り、他の利用者もそれを聞いて同情し、なぜ同じ食事を出してあげないのかと騒ぎになる。

●基本調査4−2 作話《さくわ》についての質問の際、いかにも作り話というレベルではなくとも、事実と違うことを言うことを具体的に伝える。

（回答例）物忘れ外来で受診の動機を尋ねられ、整形の医師に来るように言われたとありもしないことを言う。

（回答例）誰もいないのに、誰かが玄関に来たと何度も伝えに来る。

●基本調査4−7 介護への抵抗についての質問の際、排泄、おむつ交換、入浴、口腔ケア等の清潔保持に関することで介護を妨げるようなことを具体的に伝える。

（回答例）汚れたオムツや衣類を交換するのを嫌がり、説得し、交換するのに長時間を要す。

●基本調査4−8 落ち着きがないことについての質問の際、「家に帰る」と言う以外に、何か言って落ち着かないことを具体的に伝える。

（回答例）当日や翌日の予定を何度も聞き、身の回りの物を触り、そわそわと落ち着かない。

●基本調査3−8 徘徊4−9 一人で外に出たがり目が離せないことについての質問の際、いかにも徘徊という行為以外に、動き回ること（家の中も含む）を具体的に伝える。

（回答例）デイサービスから帰ると、家族を探し回り家の周辺をうろうろする。たいていは帰ってくるがときどき帰ってこないこともある。

●基本調査4−13 独り言や独り笑いについての質問の際、独り言や独り笑いによって、他人に迷惑をかけることを具体的に伝える。

（回答例）電気ストーブで髪の毛や箸についたご飯粒を燃やし、独り笑いをする。家中が焦げ臭くなり危険である。

（回答例）お酒を飲みながら、独りでぶつぶつ言ったり、泣いたり笑ったりしている。その場に遭遇するとなだめるのが大変である。

●基本調査4−14 自分勝手な行動についての質問の際、自分勝手な行為によって、他人に迷惑をかけることを具体的に伝える。

（回答例）デイサービスでデザートを持って帰ると言い張って言うことを聞かず、説得するのに手間を要す。

（回答例）猫のひげを突然切ってしまう。

●基本調査4−15 話がまとまらず、会話にならないことについての質問の際、意思の疎通が困難なことを具体的に伝える。

（回答例）家族の関係性の一部がわからなくなってきているため、家族の会話についていけず、会話にならない。

認定調査での「特記事項」を有効に使う ②

基本調査の４群（精神・行動障害）だけでなく、日常性活動作に関わる２群（生活機能）についても細かく説明しておくことが、２次判定で十分審査してもらう秘訣です。どういうことを答えればよいか、特に言い忘れそうな内容について祖母の時の回答例を挙げて説明します。

●基本調査2－3 えん下、2－4 食事摂取についての質問の際、えん下や食事に関連して手間がかかることを具体的に伝える。

（回答例）調理の段階でえん下しやすいように薄く切るようにしている。

（回答例）床に落ちている物を食べてしまうため、やめるように言い聞かせたり、後始末が大変である。

●基本調査2－5 排尿、2－6 排便についての質問の際、単に用を足す動作以外に手間がかかることを具体的に伝える。

（回答例）汚れたオムツを引き出しなどにしまいこむため、悪臭を放ったり、探すのに時間がかかったりする。

（回答例）オムツから布パンツに勝手にはき替え、失禁してしまい、衣類やベッドを汚すため、後始末に手間を要す。

（回答例）便失禁を隠そうと便を素手で汚物入れに入れることがあり、掃除や後始末に手間がかかる。

●基本調査2－10 上衣の着脱、2－11 ズボン等の着脱、5－3 日常の意思決定についての質問の際、着衣の脱着に関連して手間がかかることを具体的に伝える。

（回答例）自分で服を着ると言って汚れた服を着てしまい、介助者になかなかやり直させてくれない。

（回答例）季節に合う服を選べない。

第3章

ハプニング、オンパレード

漬物がマズイ!?

「どうぞ、どうぞ」

今日もばあちゃんは、ニコニコ笑いながら、自分で漬けたぬか漬けを近所に配り歩いている。葉物からきゅうり、なす、大根までさまざまな野菜をぬかに漬けていた。そのぬか床は、ばあちゃんが今のところに引っ越してきた30年以上も前からのもので、年季の入ったいいぬか床になっていた。

ばあちゃんは、昔から人に物をあげるのが大好きだったが、身内にはろくな物を寄越さない。ある時、ばあちゃんからもちを食べていけと言われ、やけにカビ臭いもちだなと思ったら、あとで、カビだらけのもちの破片をゴミ箱で発見するなど、小さい頃から、ばあちゃんと接する機会が多かった私には、苦い思い出がたくさんあった。ばあちゃんからもらった食べ物は、極力賞味期限を確認し、用心しながら食べたものだった。

ある生ごみの日に、私は近所の人たちが出したゴミ袋の中に緑色の菜っ葉らしき物が混じっていることに気づいた。うちの市は透明のゴミ袋なので、中身が自然と目に入ってしまう。

（まさか！）

私自身は、前々からばあちゃんから食べ物をもらわないようにしていたので、最近のばあちゃんの漬物の味はわからなかった。

早速、私は8丁目の実家に行った際に母に生ごみのことを報告した。

「そう、ばあちゃんの漬物がすごくまずくなってきたんよ。ちょっと食べてみ、この前もらったやつ」

私は、おそるおそる少しだけ口に入れてみた。

「うわぁ、なにこれ」

旨みも香りもなく、ただすっぱいだけの不思議な味がした。それはもう食べ物の味ではなかった。テーブルの上のティッシュを1枚取り、そっと吐き出した。

「これは、捨てられるわ」

「どうしよう」

「お母さんの友だちに漬物が好きな人がいっぱいいるって言って、没収しようか」

「そうしよう、そうしよう」

ばあちゃんの漬物は母が全部回収することになった。そうと決まれば早速、私と母はばあちゃん家《ち》に向うことにした。

「そんな、近所の人に持っていくから、全部持っていかんでよ」

「お母さんの友だちにばあちゃんの漬物が好きな人がいっぱいおるから、もう近所の人には、あげんとって」

「そうか」

ばあちゃんはあまり納得がいかない様子だった。

その後、生ゴミの日に、近所の人が出したゴミ袋に緑色の菜っ葉が混じらなくなったことに、私はただただ安堵していた。

知恵 13

味覚の変化に注意する

認知症になると、味覚に関する機能も低下します。料理の味が急に濃くなったり、味付けがきちんとされていなかったりすることが増えてきます。また、料理の手順や段取りを考えることが難しくなってくることも、料理の味がおかしくなる一因です。単なる加齢のせいだと思いがちですが、他の認知症のサインとも合わせてチェックする必要があります。

知恵14

日課を続けられるように促す

これまで日課として行ってきたことを、継続してできるように促すことも見当識の維持や生活リズムの安定のために重要です。祖母の場合、ある程度認知症が進行するまでは、洗濯は自分でやっていましたし、漬物を上手に作れなくなっても、野菜を買ってきてあげると漬物を作っていました。認知症の進行とともに、日々なにをしたらいいかを自分で計画することができなくなってきます。昔から日課としてやっていることの一部を手伝ってあげたり、促してあげたりすることが大切です。

恐るべし口臭

「お母さん、なんか最近ばあちゃんの口臭くない？」

「そうそう、お母さんも気になっとったんよ」

ばあちゃんがデイサービスに行っている間、母がばあちゃん家《ち》にやってきた。

「歯ブラシはしているようなんやけどね」

「ユウとばあちゃんの仲やし、直接いろいろ聞いてみるわ」

1階の洗面所の棚には化粧品が山積みになり埃をかぶっていた。しかし、歯ブラシと歯みがき粉は毎日使っているようできれいだった。ただし、入れ歯の洗浄剤はうっすら埃をかぶっている。

ばあちゃんは、いつも17時ごろにデイサービスから帰ってくる。

「今日もええ湯やったわ」

ばあちゃんは鼻歌を歌いながら帰ってきた。ご機嫌そうだ。私は早速、聞いてみた。

「なぁ、前から言おうと思ってたんやけど、最近さー」

「なんや」

「ばあちゃん口臭いんやけど、歯磨きちゃんとしてる？」

「しっ失礼な！　ちゃんとしとる。ユウにそんなん言われるとは、もう死にたくなってきた。じいちゃん、早よう迎えに来て」とばあちゃんは天井を見上げた。

予想以上にばあちゃんを傷付けてしまった。

「そうやんな、歯磨きしてるよな。入れ歯の洗浄剤は使ってる？」

「入れ歯の洗浄剤てなんや？」

「入れ歯浸けといて洗うラムネみたいなやつ」

「そんなんあったかいな？」

案の定、ばあちゃんは入れ歯の洗浄剤の存在をすっかり忘れてしまっていた。

それからは、ばあちゃんが入れ歯の洗浄剤を使っているかを確かめるようにした。口腔洗浄剤を2つ買い、1つは家用、もう1つはデイサービス用とした。デイサービスのスタッフにも事情を説明し、口腔ケアに注意してもらい、うがいを促してもらった。

しかし何週間経っても、ばあちゃんの口臭はちっともよくならなかった。

「生協のカタログにこんなのが載ってて」

カタログ商品をご近所同士でまとめて注文して、届いた商品を敷物の上で仕分けするようなことを母はいまだにやっていた。カタログに載っていたのは口臭に劇的に効くらしい「なた豆歯みがき」という商品だった。

母と二人で物は試しだということになり、1500円とお高めだったが、なた豆歯みがきを注文してみた。

それほど期待していなかったが、なた豆歯みがきは、驚くほどの効果をもたらした。

「ばあちゃん、臭くないよー、全然臭くない」

私は思わず万歳をしていた。

知恵15

口臭に注意する

加齢とともに唾液の分泌量が少なくなると、口臭が生じるようになってきます。さらに、祖母のように認知症が進み、口腔内の清潔を保つことが難しくなると、ますます口臭がきつくなる場合もあります。口臭がきつくなったら、今まで通りの清潔行為ができているか手順を確認してみましょう。口臭がきついということは、感染症のリスクも高まっているので、注意する必要があります。

鉄兜《かぶと》をかぶった人たち

その日はホームヘルパーが来る日だった。訪問介護サービスの日には、デイサービスには行けない。本人不在の場合、訪問介護サービスは受けられないというルールになっているのだ。

「今日はばあちゃんは温泉に行くんか?」

「ちゃうちゃう。今日はヘルパーさんが来る日や」

「あっ、パートさんが来る日やな」

ばあちゃんは、カタカナ語をどんどん忘れていく。

「ヘルパーさんやで。パートやとは思うけど。ヘルパーさんは10時半に来るから、スーパーに行きたかったら、早めに行っといで」

ばあちゃんは、じゃこと菜っ葉だけを買うためにスーパーに出かけた。

40分ほどして、ばあちゃんが帰ってきた。

「ユウ」

ばあちゃんが、玄関から上がりかまちをまたぎ、興奮した様子で顔を赤くして中に入ってくる。ちょうどその時、私は郵便物を取るために、1階に下りていた。

「どうしたん?」

「てっ、鉄兜《かぶと》をかぶった人たちが……」

「かぶと?　戦国時代?」

戦争を知らない私は、五月人形の兜を勝手に想像していた。

(いよいよ、幻覚が始まったのだろうか)


「自転車に乗っていた母子《ははこ》が転んで怪我をして……。ピーポーピーポーって」

「救急車ね。……あっ鉄兜って救急隊員のヘルメットのことね」

まるで連想ゲームだった。

「3つぐらいの女の子が怪我をして……。母親の前に乗っていた赤ちゃんもなんか状況が解《わか》るんかして、わーわー大きい声で泣いてた」

「じゃあ、救急車で運ばれたんやな」

ついさっきの出来事すらすぐに忘れてしまうのに、事故のことをよく覚えていられるのは意外だった。

ばあちゃんは、しばらく私と話をしていると、少しずつ落ち着いてきた。

「洗濯でもしようかな」

そう言って、ばあちゃんは汚れた衣服を持ってきて、1階の洗濯機に放り込むと、ボタンをあちらこちら押しはじめた。

「ユウ、この洗濯機おかしいわ」

元々この家の洗濯機は2階のベランダに置いてあったのだが、ばあちゃんが2階に上がるのが負担となっている様子だったので、1階の外に新しい洗濯機を設置したのだった。2階の洗濯機は私の入居とともに私が使わせてもらうことになった。

ところが、ばあちゃんは新しい洗濯機の使い方をなかなか覚えられない。だからといって重い洗濯機を交換するわけにはいかない。

「もう、またかー、ばあちゃんいいかげん覚えてよー」

「ばあちゃんの洗濯機をユウが取ったからや。取り替えてや」

「ほらっ、こうやって、こうやって」

洗濯機の操作のために、いったい何度2階から1階へ下りただろうか。

ばあちゃんは、掃除嫌いだが、洗濯は大好きで、いつも鼻歌を歌いながら、外に設置してある物干し竿に洗濯物を干している。

「あっ、パートさんが来た」

ばあちゃんが、自転車でやってきたホームヘルパーの山川さんの姿を見つけた。

「パートさん、こんにちは」

「へっ、ヘルパーです」山川さんは少しムッとした表情で答えた。

知恵16

感情を伴った記憶は残りやすい

認知症の特徴として、ついさっきのことをすぐに忘れてしまう「物忘れ」がありますが、事故や災害など、強い心的衝撃や感情を揺さぶられる出来事は記憶に残りやすいということがわかっています。脳の中に扁桃体という快・不快を感じる場所があります。その扁桃体は記憶と関連の深い海馬の近くにあり、感情が記憶に影響すると考えられています。不快な感情だけでなく、とても嬉しい体験をした時の快の感情も記憶として残るので、できるだけ楽しい体験をしてもらって、いい記憶をたくさん残してもらいましょう。

知恵17

語彙の減少や会話の理解力の低下に注意する

認知症の進行とともに言葉の意味がわからなくなったり、言葉を正しく言えなくなったりしてきます。知っていたカタカナ語がわからなかったり、「これ」「あれ」「それ」などの指示代名詞が多くなったりします。そして、徐々に人の話を理解する能力が低下し、会話についていけなくなります。言いたいことをこちらが察し、代弁してあげながら、会話についていけるようにわかりやすい日本語で説明していく必要があります。

ごみ屋敷に赤ちゃん

「いたたた」

「どうした、ユウ？　膝が痛いんか？」

「私は妊婦やで。膝が痛いのは自分やろ？」

ばあちゃんが介護サービスに慣れて、生活が軌道に乗った頃、私は産気づいた。

ばあちゃん家《ち》はテレビに取り上げられるほどのゴミ屋敷ではなかったが、その汚さは相当なものだった。天井を埃《ほこり》がわたあめのようにふわっと覆い、さらには、ねずみが時々顔を出すという恐ろしい衛生環境の家だった。家のあちこちにゴキブリホイホイの大型版のようなネバネバするねずみ捕りが仕掛けられていて、久しぶりに帰ってきた私の弟がそれにかかってしまい、足のネバネバが取れなくて大変だったということもあった。また、家中のいたるところにねずみを捕るための鮮やかなピンクの小さい毒玉も仕掛けられていた。従って、こんな家に赤ちゃんを連れてくることに私はかなり抵抗があった。

妊娠中は、畳はもちろんのこと、なにからなにまで直接消毒液を振りかけて、雑巾で拭き上げ、徹底的に大掃除はしたつもりであった。

しかしながら、いくら掃除をしても、長年蓄積された埃がどっからともなく振ってくる。中途半端に掃除をすると、よけい埃だらけになるのだ。ただ座っているだけでも気が滅入りそうな家だった。

ばあちゃんは、私が妊娠していることを何度言っても忘れてしまうようで、私の体を気づかうようなことは全くなかった。初孫の私をかわいがってくれたばあちゃんが、私の出産に無頓着だということに、私はひそかに傷付いていた。

そうして心の準備もできないままに、ある日の夜中に陣痛が始まった。2階で私が苦しんでいることに、ばあちゃんが気づくこともなく、夫に腰を押してもらいながら、急いで病院へと向かった。やや難産ではあったが、私の出産は無事に終わった。

数日後、ばあちゃんは夫に連れられて、赤ちゃんを見にやってきた。エレベーターを降りるとすぐ目の前がベビー室だった。私はちょうどベビー室で授乳を終え、出てきたところだった。

「ばあちゃん来てくれたんや」

私が声をかけると、ばあちゃんは、にんまり笑った。夫が指差すと、ばあちゃんは、ガラス越しに赤ちゃんを眺めた。ばあちゃんは急に赤ちゃんがふってわいたかのような不思議そうな顔をしていた。赤ちゃんが手足を動かすと、次第にばあちゃんの顔がほころんできた。

「この子は、ホンマにユウの子か?」

私は吹き出しそうなのをこらえながら、夫と顔を見合わせた。

ばあちゃんは聞いたことをすぐに忘れてしまう。赤ちゃんに対しては、その場その場でかわいがるような感じだった。ばあちゃんはその時その時を生きているけれども、過去と現在がどうにもつながらないのだ。そんな点と点を刻むように生きているばあちゃんの人生を実線にしていくには、周りの援助が欠かせないということにだんだん気がついてきた。


赤ちゃんの命名には、思ったよりも時間がかかってしまった。病院の看護師たちに名前が決まったかと何度尋ねられたことだろう。今時のキラキラネームにも惹かれたが、「さ」の音に日本語の美しい響きを感じ、「さおり」と名付けた。

結局、赤ちゃんが産まれてから3カ月間は8丁目にある実家に世話になった。その3カ月もあっという間に過ぎ、ばあちゃん家《ち》に赤ちゃんを連れて帰ることになった。

どこからともなく振ってくる埃で赤ちゃんが呼吸困難になるのではないか、ねずみのバイ菌で赤ちゃんが感染症にでもかかるのではないか、といろんな心配をしたが、赤ちゃんは意外と元気に育っていった。

鍋を焦がして火事になったら

（おや、なんか焦げ臭い）

2階に住んでいると、1階からの匂いがすぐに立ち上ってくる。

「なんか焦げ臭いでー」

慌てて階段を駆け下り、台所のコンロのほうに向かうと、鍋が空になって、焦げている。

急いで火を消してほっと胸を撫で下ろす。


「どうかしたんか？　ユウ」

「どうかしたんかやないわー。もう鍋焦げてるやん」

「鍋を火にかけてたか」

空になった牛乳瓶が流し台に置いてある。

「牛乳なんか火にかけんと、電子レンジで温めえや」

ばあちゃんは、いつも電子レンジで温めていたことを忘れてしまうのだが、今回は電子レンジの存在自体も忘れてしまっているようだった。

「火事になったらどうすんのん？」

認知症の高齢者を責めてはいけないとわかっていてもつい責めてしまう。

「もう、ばあちゃんは火事になって焼け死んでもええ。そしたら、じいちゃんのところにいけるから」

あまりにも身勝手な考えだ。

「ばあちゃんはもう死んでもええかしらんけど、私らはまだ死ぬわけにはいかんのや」

「2階に0歳児がおるんやから。さおりはまだ数カ月しか生きてへんねやから」

「ばあちゃんは、ユウにここに住んでくれって頼んだわけやない」

相変わらず、ばあちゃんは頑固だった。

「まぁ、それはそうやけど」言い返す言葉が見つからなかった。

「とにかく、鍋を火にかけたら、他の部屋に行ったらあかんで」

「わかった」

火の始末に関するこんなやりとりも日常茶飯事となっていた。

ばあちゃんの物忘れは度を越えているので、なんとか対策を考えねばならず、母に相談することにした。

「どうしたらええやろう?」

「ユウ、火事になった時のこと考えとき」

「ええっ⁉　どういうこと」

「2階のベランダからどうやってさおりと降りるかを考えとき。お母さんは、さおりを大きいカバンに入れて、紐で吊るして降ろしたらええと思うんよ。ユウは元々おてんばやから、降り方さえ考えといたら大丈夫やろうし」

　母は真顔でそう言った。

「ええっ、ちょっと待ってよ」

　母の考えは名案かもしれなかったが、どうも納得がいかなかった。

「まず、火事にならんようにすることを考えようよ」

　われながらもっともな意見だった。

「そうやな」母も大きく頷く。

「やっぱり、ガスコンロはやめなあかんな。ＩＨにしたらどうやろう?」

「ＩＨをばあちゃんが使えるやろうか?」

「使われへんかったら、それはそれでええやん。どうせ、もう自分では料理できひんのやから」

　私と母は、早速その足で電器屋に向かった。

知恵
18

嗅覚の衰えに注意する

アルツハイマー型認知症になると嗅覚が低下することがわかっています。実際は物忘れより先に嗅覚機能が低下します。アルツハイマー型認知症の原因物質が脳にたまると、まず嗅神経がダメージを受けます。そのダメージが隣接している海馬（脳内の記憶をつかさどる部位）にも広がっていくため、記憶障害が起こるとされています。

火にかけた鍋などが焦げていても気がつかない、食べ物が腐って悪臭を放っていても気づかなかったりします。嗅覚は人間が生きていくうえで、危険を察知するのに重要な感覚です。嗅覚の低下は、認知症の早期発見や、高齢者の安全を守るうえで留意しておきたいポイントです。

第４章

いよいよ徘徊か

気が利かないホームヘルパー

「なんかねー、片付けをしないで、掃除機だけかけてくれるって感じ」

ホームヘルパーへの不満を友だちの英ちゃんに電話口で愚痴っていた。

「『居候角《いそうろうかく》な座敷を丸く掃き』だね」

「そんな表現あるの？」

「居候が、手を抜いていいかげんな仕事をすることのたとえだよ」

「あぁ、まさにそんな感じ」

「他人だから細かい物は動かしにくいのはわかるんだけど、もうちょっとやってくれてもって思うんよね」

ばあちゃんは、とにかく物を捨てないので、畳の上にすぐ服やら物やらが散乱してしまう。洋服ダンスには着ない服が詰まっていて、出し入れをすることはない。押入れも同様で、昔からいろんな物が入ったきりである。

「ばあちゃん、ちょっと押入れとか掃除したろうか？」

「ふん、ユウはそう言ってばあちゃんの物を勝手に捨てるんやろう？」

ばあちゃんは、いぶかしげなまなざしを私に向ける。

実際のところ、母と私は、ばあちゃんがデイサービスに行っている間に不要な物を片付けて処分していた。実際、倉庫や台所の収納は、お祝いのお返しやら、法事の返礼品の食器やらで埋め尽くされていて、これを片付けるのはまさに大変な作業だった。

「そんなことないよー、捨てへんよー」

「ユウは、戦争も知らんから物の大切さがわからんのよ」

「はい、はい、私は戦争は知りませんよー」

ばあちゃんが捨てられないのは、物だけではなかった。

母が作って持ってくるばあちゃんの好きな手料理も、いつも全部食べきれず、冷蔵庫にたまる一方だった。ばあちゃんは、古くなった食べ物を捨てるのも本当に嫌がった。

ある時、何年か前にもらった高級霜降り肉が冷凍庫に入ったままであることに気がついた。

「これいい肉やから、ユウ、食べへんか?」

霜降り肉は、残念ながら茶色になっていた。

「そんなん捨てなあかん。食べたら下痢どころで済まへんで」

「なに言うてる。食べれる。ばあちゃんが食べる」

そう言って、ばあちゃんは肉を冷凍庫に戻した。私はばあちゃんがいない時にその肉を捨てようと思っていた。翌日、ばあちゃんは老人会の催しで公民館に出かけていたが、ひどい下痢と嘔吐で動けなくなって、副会長のじいさんにおぶわれて帰ってきた。

「もしかして、あのお肉食べたんか？」

「食べとらん」

ばあちゃんは食べた物を決して正直に話さなかった。そんなことが幾度も繰り返された。

ばあちゃんの頑固さは、認知症もあいまってどんどんエスカレートしていた。

身内でなくホームヘルパーなら、うまく説得できるのではないかと思い、冷蔵庫の古くなった食べ物を捨ててもらえるようお願いしてみた。作った日付をタッパーに貼り、1週間以上経っている食べ物は捨てるというルールにした。

「後本さんがやってきて、止めるんで、冷蔵庫の物はうまく捨てられません」

ホームヘルパーの山川さんは能天気で、ばあちゃんと話を合わせるのはうまかったが、なんせ気が利かない人だった。

時々、山川さんの代わりに、所長が来てくれることがあったが、所長のほうがばあちゃんとのやりとりはうまく、冷蔵庫の掃除も一緒にやりましょうと言って片付けてくれた。しかし、本来の担当である山川さんでは、冷蔵庫の中はいっこうに片付かなかった。

ホームヘルパーの山川さんは週2回、月曜日と木曜日にやってきて、ばあちゃんが一人で使っている1階の2つの部屋、台所、廊下、トイレの掃除をしてくれる。介護サービスでは、ばあちゃんが一人で使っているところは掃除してくれるが、共同で使っている浴室などは掃除してくれない。

掃除といっても、基本的には部屋に掃除機をかけ、廊下をぞうきんがけすることが主で、月曜日にそれをしたかと思うと木曜もまた同じことをするという具合だ。できればキッチン周りも掃除してほしいのだが、掃除するのは目につきやすい床ばかりだった。

「オロナミンC、おいしそうですね」

山川さんは、ばあちゃんが好きなオロナミンCの10本セットが台所の床に置いてあるのを見て時々そう言った。

(欲しいのだろうか。飲み物類は一切いただかないという話では?)

「飲まれますか?」

「いえっ、いいです」

なんだか意味不明だった。そんなホームヘルパーの山川さんへの不満は日に日に募るばかりだった。

そんなある月曜日、驚くべき出来事が起こった。雨がしとしと降る朝だった。

「後本さーん、後本さーん」

山川さんが玄関先で何度もばあちゃんを呼んでいる。

慌てて私が階段を駆け下りると、玄関の扉の前で山川さんが突っ立っている。台所や居間を見まわしたが、ばあちゃんの姿はなかった。

「あれっ、ばあちゃんがいない」

「本人さんがいないと家の中に入れないルールになっていますので」

そう言うと、山川さんはくるっとターンして、傘を差し、門のほうへと向かっていった。

(探しに行ってくれるんだ)

私の予想に反して、山川さんは門の前に立ち、こう言った。

「ここで、30分待たせていただきます。30分経ってもこられない場合は、失礼させていただきます」

「えっ？　そっ、そうですか」

私は、あきれて開いた口がふさがらなかった。

「探しに行ってきます」

私は、ばあちゃんの自転車のかごに引っかかっていた傘をつかみ、傘を差しながら走り出した。0歳児を2階に置いたまま。

ばあちゃんの行くところは、決まっていて、歩いて5分のスーパーだ。走っているうちに、雨は小降りになってきた。傘を閉じ、産後の重い体を奮い立たせて速く走った。

スーパーの自動ドアをくぐると、店の奥にある魚売り場付近にばあちゃんがいるのが見えた。

（やっぱりね）

スーパーの冷気をひんやりと感じながら、小走りになる。

「ばあちゃん、なにしてんの？　今日はヘルパーさんが来る日やから家におらなあかんやん」

ばあちゃんは、大好きなじゃこのパックを手に取っている。

「そうじゃったか」

「早く、早く、30分以上経つと、帰ってしまうらしいから」

ちらりとスーパーの時計を見ると、10時10分だった。

高齢者を急かすのはよくないとわかっていながらも、急かしてしまう。

「私は、さおりを2階にほったらかしやから先に走って帰るわ」

スーパーを出ると、もう雨は上がっていた。


私が急いで戻ると、山川さんはまだ門の前に立っていた。

「ばあちゃん、スーパーにいましたよ」

「あと15分以内に戻ってこなければ、失礼いたします」

(もっと気の利いた一言を言えないのだろうか)

私は、ムッとした表情を隠せなかった。

「急ぐように言いましたし、すぐ戻ってきますよ。中で待たれたら、どうですか」

「いいえ、本人さんがいないと家に入れないルールなのでここで待っています」


私は置き去りにしてしまったわが子の安否を確認すべく急いで2階に上がった。さおりは、何事もなかったかのように、すやすや眠っていた。


時刻は10時29分になった。しかし、ばあちゃんは戻らなかった。

「どうしたんやろう？　ばあちゃんの足でも10分もかからないと思うのに」

秒針がジリジリと音を立てているようだった。

「残念ですが、今日はこれで失礼します」

山川さんは、ためらう様子もなくそう言った。

「そうですか。もう戻ってくると思うんですが」

「また、木曜日に来ます」

山川さんは、自転車のペダルに足をかけると、さっさとこぎはじめた。山川さんの姿が見えなくなって間もなく、ばあちゃんが息を切らしながら道の曲がり角から姿を現した。

「ユッ、ユウ」

「もう、ゆっくりでええよ。もうヘルパーさんは帰ってしもたから」

私はばあちゃんまで届くよう声を張り上げた。

ばあちゃんの足取りはゆっくりとなり、のしりのしりと近づいてくる。

「急に道に迷って、どこにおるかわからんようになって……」

「えーっ、そうやったんや」

「ユウのせいや、ユウが急かすからわからんようになったんや」

道がわからなくなったという事実に衝撃を受けながら、やはり、早いうちに物忘れ外来に連れていかなくてはいけないことを確信した。

2012年11月のことだった。
（さて、どう言って本人を連れていこう？）

知恵19

信頼できないヘルパーは代えてもらう

信頼できるヘルパーかどうかは、介護をしながら快適に暮らしていくうえで重要な要素です。掃除一つとっても、ヘルパーによってやり方がそれぞれ異なります。制度で定められている業務以上のことは期待しませんが、少しでも時間内でできることをしてあげようという気持ちが伝わってくるヘルパーだと、やはり嬉しいですね。ヘルパーの仕事ぶりに不満があってもなかなか言い出しにくいと思います。そんな時にクッションの役割を果たしてくれるのがケアマネージャーです。遠慮せず、なんでも相談してみましょう。

知恵20

複数の人が介護にあたれるよう生活を「見える化」する

家族で介護をするといっても、実際には家族の誰か一人に負担が集中し、介護を抱え込むケースが多いと思います。それを防ぐためにも介護を「見える化」することは重要です。例えば、食事を作った日付をタッパーに貼っておく、「お薬カレンダー」（縦軸に曜日、横軸に朝、昼、夜、睡眠前と記載されていて、数週間分の服薬を管理する壁掛型のポケットシート）にあらかじめ数週間分の薬を全部入れておく、ホワイトボードなどに本人にも家族にも、サービス事業者にもわかりやすいメッセージを書いておくなど、いつでも誰もが手伝いやすいように一目で介護の状況がわかるようにしておくと他人も手伝いやすく、介護が楽になります。

困ったご近所さん

やつは、決まって私がいない時に現れる。

ばあちゃんは家族が近くに住んでいるにもかかわらず、近所の人にすぐ手伝いを頼むくせがあった。そして、それを逆手にとっていつの間にか騙されてしまうことがあるのだった。

やつは、向こう隣の4軒先に住んでいる70代のじいさんで石山という。性格の悪さから嫁に逃げられたと近所では噂されていたが、園芸が趣味で、大工仕事が得意な器用な人で、ばあちゃんは結構頼りにしていた。「石山さんに頼むわ」がばあちゃんの口癖だった。

石山は、決まって私がいない時にやってきては「なんか手伝うことはないか？」とばあちゃんに尋ねるのだ。ばあちゃんは、そう言われると、頼む必要がないことでもつい頼んでしまうのだ。そして、今日も私が留守の間に石山がやってきたらしい。

「おかちゃん（石山はばあちゃんをこう呼ぶ）、なんか手伝うことはないか？」

「この時計止まってるから、動くようにできんかな？」

ばあちゃんは、死んだじいちゃんの形見の腕時計を差し出した。

「電池入れたら、いいだけじゃろ？　わしがやったるで」

石山はばあちゃんに電池代として1000円を請求し、近くのホームセンターに電池を買いに行ったそうだ。

「電池入れたけど、動かんかったわ」

そう言って、腕時計を返すとそそくさと帰っていったらしい。

ばあちゃんは、私が帰ってくると、事情を説明しはじめた。

「石山さんが電池入れてくれたけど、直らんかったから時計屋に持っていってくれんか？」

私は相変わらず石山に頼みごとをするばあちゃんに腹が立ったが、その気持ちを抑えて言葉を返した。

「もう、また頼んだんか？　あれほど石山に頼まんように言っているのに」

私は、ばあちゃんから時計を引ったくると時計屋に向かった。

昔からあった時計屋はどんどんつぶれており、この界隈ではもはや1軒の時計屋しか残っていなかった。

「電池を入れても動かないんです、見てもらえますか」

時計屋の白髪のおじいさんが、細いドライバーで時計の裏蓋の小さなネジをクルクル回す。

その手付きは昭和の時代から培った熟練の技を感じさせる。

「電池は抜いたんですね」

時計の裏蓋を開けたおじいさんは言う。

「えっ？　電池は入っているはずですが」

私は顔をしかめながら、時計の中を覗き込む。

「いえ、入っていないですよ」

どういうことか一瞬わからなかった。

「とりあえず、電池を入れてみますね」

電池を入れるとただちに秒針が動きはじめた。

「騙されたんや」

思わず声を発してしまった。

「えっ？」

「いえ、なんでもないです」

私は、石山にばあちゃんが騙され、電池代1000円を盗られたことにメラメラと腹が立ってきた。

（あのじじぃー）

たかが1000円なれど、人を騙すという行為が許せない。

「時計壊れてなかったし、電池も入ってなかったで。石山のじいさんに1000円くすねられただけや」

「そんな悪いことする人に見えんけど」

「悪いことする人やねん。もう関わったらあかん」

こんなふうに、ばあちゃんは騙されてしまうのだった。

またある日、私が赤ちゃんの1カ月健診から帰ると、門の横にあった大きなキンモクセイが切り株だけになっていた。

驚いた私は、居間にいたばあちゃんを問いつめた。

「ばあちゃんが、川口さんにキンモクセイをちょっと切ってくれるように頼んだんや」

川口さんは2軒隣の60歳を過ぎた大工だった。

「ちょっとちゃうやん。どう見ても切り過ぎや、切り株になってしもてるやん」

「ばあちゃんも、あんなに切られてしまうとは思わんかった」

「ばあちゃんが頼みごとばっかりして、うっとうしいから、あんなに切ってしもたんちゃうか？　また頼まれたら面倒臭いと思って」

「石山さんに頼んだらあかんってユウが言っとったから、川口さんに頼んだんや」

「もう、近所のどの人にも頼みごとをしたらあかん、家族が一緒に住んでるのに」

同居している私がいて、さらには近くに私の両親（＝ばあちゃんの娘夫婦）も住んでいるのに、なぜ、ばあちゃんは近所の人にばかり頼みごとをするのか、理解できなかった。

思いあたることといえば、私の父が、ばあちゃんに頼みごとをされるのを嫌がっているということくらいか。「ばあちゃんは、厚かましいから嫌いや」と父はよく言っていた。ただし、父はそう言いながらも、ばあちゃん家《ち》の古くなった壁紙を張り替えたり、2階のベランダに目隠し用の不透明のカバーを取り付けてくれたりと、家の修繕をしてくれていたのだった。


ある日、父が1階のガレージからベランダに向かって叫んだ。

「ユウ、お父さんが置いてた道具箱知らんか？」

「知らんでー。なんもさわってへん」

そこへ、ばあちゃんが家から出てきた。

「お母さん、道具箱どこいったか知りませんか？」

ばあちゃんの顔色が少し変わった。

「知らんけど、もしかしたら、わたし、石山さんが欲しいいて言うから、あげてしもうたかもしらん。あんまり覚えてへんけど、あげたかもしらん」と、いつになくか細い声で言った。

「お母さん、そんなんあげたらあかんわ。あれは、なんでも揃っているいい道具箱やのに」

父は腹立たしさを抑えながら、つとめて冷静に言い放った。

私は、階段を駆け下りて、外に出てばあちゃんを睨み付けた。

「もう、あれほど騙されたらあかんって言ってるのに」

「すまん、すまん、もうあの人とは関われへん」


またある日のこと、私がベビーカーを押して近所のドラッグストアに出かけ、家に帰ってきた時だった。

「あれっ?」

私の車がガレージからなくなっている。夫は普段自転車を使うし、誰かが私の車を使うなんて聞いていない。

途方にくれていると、T字路のほうから私のベージュの愛車が帰ってきた。いったい誰が運転しているのかと思ったら、なんと、石山が運転しているではないか。助手席にはばあちゃんが少しふてくされた様子で座っている。

ガレージに車を入れ、石山が運転席から降りてくるが、きまりが悪そうに私から目をそらす。

「こんにちは。なんで私の車に乗っているんですか?」

「おかちゃんを買い物に連れてってやったんや」

「私の車を勝手に使って、困ります」

ベビーカーのハンドルを握る手がわなわな震える。

「おかちゃんがいいって言ったんや。まぁまぁ、そう怒らんでも、もうだいぶ古い車みたいやし、ちょっとエンジンも変な音がするね。ボンネットの中を見たろうか？」

「結構です」

愛車をけなされ、私はさらに逆上した。石山は車の部品だって持っていきかねない。

「まぁ、そう言わんと」

そう言いながら、石山は業務用スーパーやらホームセンターで山ほど買った品物を何袋も後部座席から取り出すと、重そうに両手で抱え、そそくさと帰っていった。


二人で居間に入ると、私は立ったまま我慢できずに声を荒らげる。

「もう、ばあちゃん、なにやってんのよ」

「石山さんが買い物に連れていったるって言うんで。石山さんは車持っとらんから、この車で行こうって言うで」

「どうせ、あちこち連れまわされて、自分の物たくさん買いはるんやろう？」

「なんでわかるんやあ、ユウ」

ばあちゃんは、目を見開いて感心したように言う。

「ユウは石山とばあちゃんのやることは、なんでもお見通しや」

私は腕組みをしながら、たしなめる。

「石山さん、ばあちゃんの行きとうないとこばっか連れていくんよ。ばあちゃんはバナナとパンが欲しかっただけやのに」

ばあちゃんは、バナナとパンが入った業務用スーパーの小さい袋を居間の床にドンと置く。

「ばあちゃんの物ならまだしも、なんで私の車を勝手に使うんよ。他人に私の車を勝手に貸さんとって。今度そんなことしたら、もうほんまにユウ、許さんから」

人を利用するのが大好きなばあちゃんには、やはりばあちゃんを利用しようとする人が寄ってくる。それは、致し方ないことなのかもしれなかった。

「もう、あの人とは絶対に関わったらあかんで。利用されるだけなんやから」

次の日、私が洗濯物を干そうとベランダに出ると、ばあちゃんが化粧箱に入った高級そうな焼酎を持ってすたすたと歩いていた。向い先が、石山の家であることは間違いなかった。

知恵 21

近所の人に認知症のことを話すのは慎重に！

地域ぐるみで認知症の人々を見守るのが理想的なのですが、祖母のように近所の人によく騙されている人の場合は、認知症のことを他人に話すのは控えたほうがいいかもしれません。また、近所の人から火事の心配をされることもありますし、認知症の人を一人暮らしさせているということで、家族が非難される可能性もあります。近所の人たちがどういう人なのかをきちんと見極めて、付き合い方を考えましょう。

消える歯ブラシ

「ユウ、ばあちゃんの赤い歯ブラシ知らんか?」

ばあちゃんはなにか困ったことがあると、すぐに私に尋ねる。

「知らんよ知らん。ばあちゃんの歯ブラシなんかぜーんぜん知らん」

「おかしいな」

ばあちゃんは、みけんにしわを寄せ、首をかしげる。

「ほんまに知らんか?」

「知らんよ。ばあちゃんの歯ブラシを欲しい人は誰もおらへんで」

私は笑いながら、洗面所の周りを探してみる。

洗面台の上にある木製の棚には、長年放置され埃をかぶった化粧品が山積みになっている。

(これも、いつかは処分しないと)

「余分に買ってある歯ブラシあげるよ」

私は新しい白い歯ブラシをばあちゃんに手渡した。

「もう失くしなや」

次の日の朝、また、ばあちゃんが階下から声を張り上げる。

「赤い歯ブラシがないんや、ユウ」

「だから、白い歯ブラシあげたやん」

あきれながら面倒臭そうに私が答える。

「そんなんもらったか?」

洗面所や台所の周りを一緒に探すも、赤い歯ブラシも白い歯ブラシも出てこない。

「不思議やなー」

「じゃあ、もう1個あげるよ。もうほんまに失くしなや」

今度は、青い歯ブラシを手渡した。

「家で使うのに名前書いても意味ないしなー」

その後しばらくは、青い歯ブラシは失くなることなく、その青い歯ブラシをばあちゃんは使っているようだった。


ある日、私が洗面台に目をやると、なんと赤い歯ブラシが1本、歯ブラシスタンドに立てかけてある。まるで、前からずっとそこにあったかのように。

「あれっ、赤い歯ブラシ出てきたんや」

「歯ブラシは前から赤や」

「赤い歯ブラシがないから、白やら青やらあげたやん」

「なんのことや?」

ばあちゃんは、きょとんとしている。私は不思議に思って、洗面台の周りを探してみたが、白い歯ブラシも青い歯ブラシも見あたらない。

「ミステリーやなー」

「ユウ、歯ブラシが欲しいんか?」

「欲しない、欲しない。欲しないよー」

加齢に伴う物忘れと認知症の物忘れとの違い

加齢に伴う物忘れ	認知症の物忘れ
体験の一部を忘れる	体験自体を忘れる
記憶障害のみが見られる	記憶障害に加えて判断の障害や実行機能（段取りをつけた行動）障害が見られる
物忘れを自覚している	物忘れの自覚に乏しい
探し物を努力して見つけようとする	探し物を誰かに盗まれたと言うことがある
見当識（いつ、どこ）障害が見られない	見当識障害が見られる
取り繕いは見られない	取り繕いが見られる
日常生活に支障はない	日常生活に支障がある
きわめて徐々にしか進行しない	進行性である

例）食事をしたことは覚えているがメニューを思い出せない

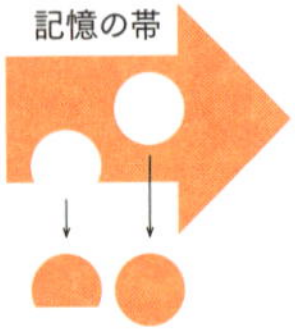

例）食事をしたこと自体を忘れる

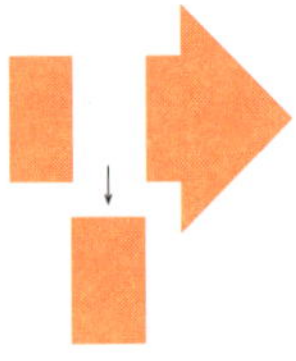

ついに徘徊か?

２０１２年11月のある日、21時頃、外出先から帰ると、まだばあちゃんの部屋の電気がついていた。

いつもだと、ばあちゃんは、17時半にはデイサービスから帰り、すぐに夕食を食べて18時過ぎには床に就く。

気になったので夫と二人で、廊下から障子をそっと開けて覗いてみた。すると、ばあちゃんが濃い紫色のジャケットをはおり、使い古した小さい黒革のカバンを手に取っているではないか。

ばあちゃんは、うつろな目でこちらを見ると、驚くべき言葉を発した。

「今から、病院に行ってくるわ」

「えっ、もう夜の9時やで」

「病院やってないですよ、おばあちゃん」

夫も目を丸くして、私の顔を見る。

「そうか、目が覚めたけー、朝じゃと思ったんやが」

「夜やでー、夜、夜。ほら、窓の外も真っ暗やん」

私が窓のほうを指差すと、不思議そうにしていた。

「そうか？　おかしいなー」

ばあちゃんは、ジャケットを脱ぎ、またパジャマに着替える。


障子を閉めると夫がささやく。

「玄関の鍵を閉めとったら大丈夫やな」

「なに言ってんのん。ばあちゃんは鍵を自分で開けられるやん」

「あっ、そっか」

私は、ばあちゃんが昼夜逆転していることにがっくりした。確実に認知症が進んでいる。

11月24日の出来事だった。私は夜20時頃、戸締りの確認をするために、1階に下りた。念のため、ばあちゃんの様子を確認しようと思い居間の奥の寝室に行くと、ばあちゃんの姿がなかった。

台所やトイレも確認したが、どこにもいない。

「イチロー、ばあちゃんがおらんねん」

私は2階に向かって階下から叫んだ。

「探しに行って」

夫にばあちゃんを探しに行ってもらい、私もさおりを抱っこ紐で体に括り付け、すたすたと外へ歩きだした。しばらく、近所を探しまわったが見つからず、私たちは玄関の前で途方にくれた。

「どうしよう……?」

「警察か……」

私たちは顔を見合わせながら、同じことをつぶやいた。


その時、アイボリーの小さい外車が角を曲がってやってきた。

「お、お坊さんの車ちゃう?」

その外車は、うちの玄関の前で停まった。

運転席側のウインドウが開き、いつも来てくれる若いお坊さんが顔を出した。

助手席にばあちゃんがぼうっとした顔をして乗っている。

「後本さん、今さっき御布施を歩いて持ってこられて」

お寺までは、歩いたら15分くらいかかる距離だった。

「すみませんでした、こんな時間にお伺いして」

私は深々と頭を下げた。

「いえいえ、また、明日伺います」

24日はじいちゃんの月命日で、毎月24日にはお坊さんにお経を上げに来てもらっていた。しかし、最近は介護サービスの都合で、お経の日を変更することもあり、ばあちゃんにはややこしくなっていた。


助手席から降りると、ばあちゃんは頭を掻いた。

「今日はじいちゃんの月命日やろ？」

「そうやけど、介護サービスの都合で明日に変更したんやんか」

「そうか」

「もう、早よう寝えや」


そう言いながら、私はばあちゃんの認知症が間違いなく進んでいると確信した。

知恵22

昼夜逆転に注意する

認知症の人は睡眠障害が起こりやすく、昼夜逆転することがしばしばあります。徘徊までいかなくても、夜眠れなくてソワソワしているような様子があれば、認知症が進行している可能性があります。昼夜逆転すると、なにかを思い立って、外出し、結果として徘徊となってしまうこともあります。寝付きをよくするために、昼間に通所サービスに通っていても、昼夜逆転が起こる場合は、薬物療法が必要になってきます。

ＧＰＳで居場所がわかる？

「ばあちゃんに携帯を持たせたらどうやろう？」

母は名案じゃないかと思っている。

「携帯を持って出かけるということが難しいやろうし、使い方を覚えるのもできるとは思えないけど」

私は全然乗り気ではなかった。

最近の携帯電話は、ＧＰＳ機能が付いているから居場所がわかるだけでもいいのではないかと長男の茂兄さん夫婦にも勧められていた。それならばと私は携帯電話を買いにばあちゃんと出かけた。

「できるだけ、使い方が簡単でＧＰＳ機能がついたのがいいんですが」

携帯ショップの店員に中高年用の携帯電話を見せてもらったが、意外と使い方が難しそうだった。

「こういうのもありますが」

次に見せられたのは子ども用の携帯電話だった。

「これのほうが簡単そう。ばあちゃん、これでいいか?」

「ばあちゃんは、なんでもええ」

「そうやな」

契約を済ませて、利用料金はばあちゃんの年金が振り込まれる口座から引き落とされるように手続きした。

少しでも使いやすいようにと思い、登録番号用の1、2、3の番号のボタンを押すだけで家族に電話がかかるように設定した。ユウの「ユ」、母の初子の「初」、長男の茂兄さんの「茂」を付箋に小さく書いて切り取り、登録番号用のボタンに貼り付けた。

「よし、これでオッケー」

電話のかけ方、受け方を何度もばあちゃんと練習した。

「こんなもん、いらんわ、ややこしいだけや」

「せっかく買ったんやから、頑張ろう」

「こんなん買ってくれって誰も頼んでない」

やはり、ばあちゃんには携帯電話の使い方を覚えるのは難しかったようで、結局、携帯電話ではなく家の電話をその後もずっと使っていた。ばあちゃんが外出する際、携帯電話を持ち忘れるため、いつも使っている黒革のカバンに括り付けた。

茂兄さんたちは、ばあちゃんの携帯電話に何度も電話したそうだが、いっこうに出てくれないとぼやいていた。


「あれっ？　電話どこにやった？」

数日後、カバンに括り付けたはずの携帯電話はいつの間に失くなっていた。

「電話、どこにやった？」

「知らん。ばあちゃんはさわってない」

それは、事実とは異なるに違いなかった。私と母は、たんすやら引き出しやら一生懸命に携帯電話を探した。

ＧＰＳで確認してみたところ、携帯電話のありかは、やはり家の中だった。すると、茂兄さんから電話があった。

「ＧＰＳだとずっと家にいるみたいだけど、体調でも崩したんか？」

「違うよー、携帯電話が家の中で失くなっているだけや」

探しに探したが、いっこうに見つからなくて、そのうち探すのをあきらめてしまった。

「解約に行ってくるわ」

結局、ばあちゃんの携帯電話は一度もその機能を果たすことがなかった。

携帯ショップの店員は冷ややかに言った。

「解約に1万8000円かかりますが、よろしいですか」

知恵23

徘徊の目的について考えてみる

認知症の人は理由もなく徘徊していると思われがちですが、目的があって徘徊している場合が多いのです。この頃の祖母は、中等度の認知症でした。今回は月命日なのに住職が来なかったので、御布施をお寺まで持っていこうとしたのですが、この程度であれば、事前に住職が来る日を何度も伝えたり、なにかに書いておくことで予防が可能だったかなと思います。祖母の場合は、薬物療法を始めてから、夜に出ていこうとすることはなくなりました。重度の認知症の場合は、自分のいる場所がわからず、不安になって家を探しまわったり、残っている記憶を元に行動して過去に住んでいた家に帰ろうとしたりすることがあります。重度でも3カ月くらいで行動パターンが変わることが多いそうです。認知症を診ることができる医師と相談しながら、無理に行動を抑えようとせず、気長に見守ることが重要だと思います。今回、携帯電話作戦はうまくいきませんでしたが、GPSを搭載した靴などもあるので、利用してみるのもいいでしょう。

届き過ぎるおせち

12月上旬のことだった。

「茂兄さんが、高級おせちを頼んでくれているらしいから、他では買ったらあかんで」

「わかった」

ばあちゃんは、大きく頷いた。

こう言ってもどうせ覚えていないだろうと思ったので、居間に「おせちは茂兄さんが買うので老人会で頼まない」と書いた貼り紙もした。ばあちゃんは貼り紙は読めるので、これで大丈夫だとその時は思っていた。


「宅急便でーす」

大晦日の早朝に茂兄さんからの三重のおせちが3つ届いた。開けてみると、細かく刻まれた色とりどりの野菜を虹色にあしらったテリーヌに目を奪われた。フランスの地方料理をアレンジしたおせちらしい。

「すごいきれいで、豪華なおせちやね」

お品書きは、壱の重からすごかった。

「カナダ産フレッシュオマール海老のグラタン、ハンガリー産マグレ鴨のスモーク……」

「ユウがなにを言っとるのかわからん」

「おいしそうやで。ちょっと味見してみよっか」

私とばあちゃんは意気投合し、お箸と小皿を持ってきた。

私が鴨のスモークをつかんだ時、玄関から声がした。


「後本さーん」

老人会の会長の声だった。ばあちゃんは、慌てて玄関まで出ていった。

「後本さんが注文してたおせちですよ」

会長は胡散臭い笑みを浮かべている。

「重いから、ここに置きますね」

私もおそるおそる玄関に向かう。

二重のおせちが4つも積まれている。

「ちょっと、ばあちゃん、おせちは頼んでないはずやん」

「頼んだ覚えはない」

ばあちゃんは会長の顔を見て、そして私のほうに振り返る。

「後本さんのところに注文を取りにきたのは11月の半ば頃や。なにやら、娘さんやお孫さんの分も買うと言って4つ頼んだんや」

私は、ばあちゃんを睨んだ。

「頼んだらあかんって言ってたのに」

私が貼り紙を書いたのは12月上旬。ばあちゃんはその前に頼んでいたのだ。

「頼んだんかなあ……？」ばあちゃんは首をかしげる。

「ユウ、そんなに怒るんでない。おせちは腐らんからゆっくり食べたらいいんや。ばあちゃんのおごりなんやから」

「こんなにあるんやから、もう今日から食べなあかんな」

私は今度こそ鴨のスモークを食べようと思い、箸でつかんだ。


「後本さーん」

鴨のスモークを口に入れようとしたその時、また玄関から声がした。

「婦人会の役員の長谷川です。おせちをお届けにまいりました」

60歳を過ぎたおばさんが、老人会のおせちと同じような二重のおせちを4つ手に持っていた。長谷川さんは、玄関に積み上げられたおせちを見下ろす。

「あれ、老人会でもおせちを頼んだんですか？　とりあえず、下ろさせてください」

私は、あきれてばあちゃんの顔を見る。

「頼んだんかな？」

また、首をかしげ、一点を見つめている。ばあちゃんは、やはり覚えていない。

「老人会と共同で注文しているので、同じおせちなんですよ」

長谷川さんは、申し訳なさそうに言う。

「石山さんとかにあげたらいいから」

そう言ってばあちゃんは受け取った。その考えには賛成できなかったが、致し方ない。

「ばあちゃん、老人やのになんで婦人会に入ってるんよ？」

「ばあちゃんは、老人である前に婦人や」

相変わらずばあちゃんは、ひょうひょうとしている。

こうして、私たちは、1月の中頃まで塩分を気にしながら、おせちを食べ続けることになった。

認知症の程度

認知症と聞くと、徘徊をしたり、暴言を吐いたりするというイメージを抱く人も多いですが、実際のところ認知症は進行の度合によって状態がかなり違います。したがって、認知症の程度によってケアの仕方は異なってきます。画一的なケアではなく、その時の状態に合わせてケアを考えていくことが大切です。

程度	記憶	見当識	会話	日常生活
軽度	●最近の出来事をしばしば忘れる ●古い記憶は正常に保たれる	●軽度の見当識障害 ●年月日は不正確 ●場所や人物はだいたいわかる	●通常の日常会話は可能 ●複雑な内容の会話は困難	●趣味に関心を持たなくなる ●注意力が落ちる ●複雑な家事ができなくなる
中度	●最近の出来事の記憶が難しくなる	●かなりの見当識障害 ●年月日、時間がわからなくなる ●場所や人物が不正確になる	●通常の日常会話に支障が生じる ●複雑な内容の会話は極めて困難	●日常生活で誰かの手助けを要する ●しばしば失禁する
重度	●新しいことが全く記憶できない ●古い記憶もなくなっていく	●重度の失見当識 ●年月日、時間、場所、人物のすべてがわからない	●簡単な会話も困難になる	●日常生活で全面的な介助を要する ●常時失禁する

階段で怪談？

ばあちゃんは、若い頃から毎日晩酌をしている。

ばあちゃんと死んだじいちゃんは富山県の平村、現在の南砺市出身で、私たちは平家の末裔にあたるらしい。合掌造りの集落で有名なところで、私も一度だけ、学生の頃にばあちゃんと訪れたことがあった。

その地方ではお酒を普段から絶やさないという風習があるそうなのだ。客人にも、お酒をどんどんふるまうのが礼儀であるとかで、二人に育てられた母は、客にはコーヒーではなくお酒を出すものだとずっと思っていたという。

じいちゃんの家系もばあちゃんの家系も大酒飲みばかりで、親戚が集まるとその飲む量は半端ではなかった。じいちゃんがまだ元気だった頃は、ウイスキーの牛乳割りをよく飲んでいた。ばあちゃんもやはりお酒が好きで、焼酎にレモンを浸けたレモン酒を飲むということを、若い頃からやっていた。

ばあちゃんは、最近、夕方になるとレモン酒を飲みながら泣き言を言ったり、すすり泣きをしたりすることが多くなった。

「もう、ばあちゃんなんか、生きててもしょうがない。ああ早ようじいちゃん迎えに来て」

夕方になると、いつも湿っぽい雰囲気になるのだが、私も母もばあちゃんの泣き言を聞きたくなかった。母は毎日、ばあちゃんの夕食を届けてくれるのだが、すすり泣きが始まるや否や逃げるように去っていくようになった。私もばあちゃんの哀しい話を聞いているのが辛いので、相槌を打ちながら静かにその場を離れていくのが常となった。

「ばあちゃんなんか、生きててもしょうがない」

「そうやな」

(あっ間違えた)

「そっ、そんなことないよー」

「もう、いろいろわからんようになってきたし」

「家族のこと、わかってるやん」

「じいちゃん、早よう迎えに来て」

「ばあちゃんまだ80代やで、今は100歳超えても元気な人がいっぱいいるんやから、そんなこと言いなや」

「そんなに生きてもしょうがない」

おそらくお酒が誘発するのだろう。毎日のばあちゃんのすすり泣きに、私も母も次第にうんざりしていた。しかも、お酒のせいでふらつき、足元もおぼつかなく、転倒の危険もあった。だからといって、この先の人生がそう長くはないであろうばあちゃんから、大好きなお酒を取り上げるのはかわいそうだと思い、ばあちゃんの好きにさせていた。


ちょうどお正月の三が日が過ぎた頃だった。

「ドシャン」

夕方17時過ぎに、1階でものすごい音がしたので、慌てて階段を駆け下りて、台所を見渡すと、ばあちゃんが椅子もろとも引っくり返っていた。

台所の奥のトイレで用を足したあと、転んだようだった。

「大丈夫?」

「大丈夫や」

口ではそう言うものの、左の眉のあたりがパックリ開き、血がたらたらと流れていた。

「大丈夫ちゃうやん」

私は急いで2階に駆け上がって、消毒液やガーゼを取って戻り、応急処置をする。

急いで母に電話し、一緒に病院に行ってもらうよう頼む。

「ばあちゃん、台所でこけて、目の上から血を流してんねん。病院行って縫ってもらわなあかんわ」

「さおりもおるから、一緒に病院に行こう」

車の運転は私しかできないため、さおりも連れて救急外来を受診する。

ばあちゃんは眉のあたりを5針ほど縫合され、医療用の絆創膏を貼ってもらい、家に帰ってきた。その夜は落ち着いて寝ることができたようだった。


次の日の夜中の3時頃だった。

まだ、さおりは生後6カ月で、時々夜中に泣いては、私を起こしていた。この日も夜中に起こされ、授乳をして、眠い目をこすりながら、トイレに向かう。階段の近くを通ろうとすると、薄紫の着物をたなびかせ、左目の上が腫れ上がった老婆が階段を登ってきた。

「ぎゃー、お岩さん！」

私は、びっくりして雄叫びを上げてしまった。

「わー」

お岩さんも私の声にびっくりして後ろに倒れそうになった。

「ばあちゃんか。あー危ない！」

私は、階段を踏み外し、後ろに倒れそうになるばちゃんを抱きとめた。

ばあちゃんは直立し、私の顔を真顔で見るな否や、興奮した口調で話し出した。

「ユウ、ばあちゃん、入れ歯を温泉に忘れてきた。なんか、うぇーってなって、入れ歯を出したんや」

ばあちゃんは、吐くような仕草をする。

「なんか、うぇーってなったんや。うぇーって」

明らかに、興奮して落ち着かない様子だった。

「わかった。わかった」

私は眠い目をこすりながら、落ち着かせようと、背中をさすった。

「まだ夜中やから、朝になったら電話するよ」

そう言ってばあちゃんとともにゆっくり階段を下り、居間に座った。

「もう、お岩さんみたいな顔して急に夜中に上がってきたら、びっくりするわ」

「お岩さん？」

「ほら、見てみ」

私は、薄紫色の手鏡をばあちゃんに渡した。

ばあちゃんは、おそるおそる鏡の中を覗き込んだ。

「ぎゃー」

知恵24
せん妄に注意する！

高齢者は、認知症や脱水、薬の副作用、環境の変化などから、軽い意識障害を起こすことがあります。それに幻覚や妄想が伴い、不安、精神運動興奮を起こす状態を「せん妄」といいます。なにも問題のなかった高齢者にも起こりうるのですが、認知症などの疾患から起こることもあります。特に夕方から夜間にかけて、大声を上げる、目つきが変わる、徘徊するなどの行動が認められると、「夜間せん妄」といわれる状態になります。このような状態が見られる場合は早めに精神科などを受診することが必要です。

知恵25

泣いたり怒ったりの状態に気づく

認知症になると、些細なことで激しい感情が引き起こされる「感情失禁」という状態が起こりやすくなります。昔話などが引き金になり、泣きじゃくるので、聞いているほうは、どう反応したらいいか困ってしまいます。その対処法として話題を変えるとよいといわれていますが、それも容易ではありません。また、認知症になると、出来事のすべてを覚えていなかったり、物事をうまく遂行できなくなったりするため、家族から叱られることもあるかもしれません。そうすると自尊心が傷付けられて、さらに感情の起伏が大きくなる可能性もあります。

第５章

初めての物忘れ外来

内科にレモン酒

ばあちゃんのかかりつけの病院は同じ地域にある大学病院で、これまでに内科、整形外科、眼科、皮膚科、耳鼻咽喉科にかかったことはあったが、精神科を受診したことはいまだにない。認知症の人を診る「物忘れ外来」というものが大学病院の精神科に設置されており、そこにばあちゃんを連れていきたいと以前から思っていた。しかし、精神科ということもあって、ばあちゃんをどう怒らせずに連れていくかが悩みだった。

「ばあちゃん、物忘れにいい薬があるって聞いたから、ばあちゃんももらいに行かへんか?」

「欲しいわー、その薬。最近ちょっと忘れっぽいから」

(ちょっとじゃないけど……)

まずは、大学病院の内科の立野先生に相談することにした。当日、ばあちゃんはレモン酒の入ったペットボトル2本をスーパーの袋に入れ、重そうに提《さ》げていた。

「ちょっと、なんでそんなん持ってるん? 病院で酒飲む気か?」

「立野先生にあげるんや。レモン酒のこと話したら、欲しいって言いはるねん」

「ほんまにそう言いはったん？　最近物をもらう医者なんておらん気がするけど」

「前は、もらいはったで」

「ほんまに？　そんなん持っていったら余計迷惑な気がするけど」

（ばあちゃん特製のレモンが浸かり過ぎた苦いレモン酒を欲しがるなんて）

この日は、ばあちゃんの診察に私も同席した。

「こんにちは、後本さん」

「先生、またレモン酒を持ってきましたよ」

「ありがとうございます。嬉しいです」

立野先生は60歳を過ぎくらいだろうか。レモン酒が入ったペットボトル２本を笑顔で受け取ると、机の下に隠すように置いた。

今回は、ばあちゃんの診察とは別に、ばあちゃん抜きで私と主治医だけで話す時間を設けてもらった。相談する内容は、もちろんばあちゃんの認知症についてだ。

「いやぁ、私も後本さん、ちょっとおかしいなと思っとって」

グレーの髪をかき上げながら、立野先生は話を続ける。

「昨年の2月頃に、予約の入っていない日に来たんですよ」

（えっ、そんなことが……）

「で、どうしたんですかって聞いたら、どうもしてません、元気ですって言うんでね」

「そんなことがあったんですか」

（そんなことがあったなら、すぐに教えてほしかった）

「やっぱり（認知症に）間違いないと思うので、物忘れ外来に紹介状を書いてもらってもいいですか？」

「はい、もちろんです」

立野先生に紹介状を書いてもらい、その足で、同じ大学病院内にある精神科にばあちゃんと向かった。ばあちゃんは、なにも気づいていない様子だった。


精神科の受付で紹介状を出すと、初診用の問診票が挟まれたボードを渡され、記入を求められた。さっさと記入して提出すると、しばらくの間待たされた。

「混み合っているので3カ月後になりますね」

受付の人の冷ややかな言葉に私は引き下がらなかった。

「えっ、3カ月後ですか。症状が進行しているようだし、すぐに診てもらいたいんですが」

「そうですか。それでは、もう少々お待ちください」

またしばらく待たされると、奥から看護師が出てきて、なにかの用紙を受付の人に渡した。

「来週の水曜日に診察に来てください」

「よかったー。ありがとうございます」

（言ってみるもんだ。診察は少しでも早いほうがよい）

知恵26

受診はとにかく早く！

認知症の受診はなにかと遅れがちだと思います。また、認知症の外来（精神科・神経内科など）に連れていったら本人が怒る可能性もありますし、家族もなかなか認知症を認めたくなかったりします。家族が受診を悩んでいる間に、認知症がかなり進行してしまうことも予想されます。私の場合は、祖母を精神科に受診させたことで、薬物療法が始まって、徘徊の心配はなくなり、介護が格段に楽になりました。本人は受診の必要性が理解できないかもしれませんが、家族が温かい姿勢で接すれば受診できると思います。認知症を診ることができる医師はまだまだ少なく、外来は混み合っていることが多いので、できるだけ早期に受診したいものです。

初めての物忘れ外来

2013年1月、物忘れ外来初日。ばあちゃんは、思ったより平静だった。精神科に連れてきたことを怒るかもしれないと思いながら、私はばあちゃんの顔色を伺っていた。ばあちゃんは、ベビーカーに乗って手や足を動かしているさおりに釘付けだった。

「なんていう名前やったかな?」

(何度このセリフを聞いただろう)

「さおりやろ」

「ああ、そうやったな」

「足の指が長いなー。ばあちゃんにそっくりやんか」

ばあちゃんはさおりの足をつかみ、優しく揺らしている。

「えー、似てるのは足の指だけにしてや」

「似てくれて、ありがとうー」

ばあちゃんの大きな声が待合に響き渡り、周りの人の視線を感じる。

1時間ほど待ち、さおりがむずがってきた。古い病院なので、授乳室もない。仕方なく授乳ケープをカバンから出そうとした時にやっと声がかかった。

「後本さん、後本さん」

「あっ、呼ばれた。はーい」

ばあちゃんの代わりに私が声を張り上げた。

「医師の診察の前に、口頭でできる検査などをします」

看護師は先に、ばあちゃんを奥の小部屋に案内して、その後、私のところに戻ってきた。

「家族の方は、中の待合で待っていていただけますか」

ばあちゃんが、どんな検査をされているのか、小部屋の前の長椅子で授乳しながら聞き耳を立てていたがよく聞こえなかった。

20分くらい経ってから、ばあちゃんが出てきた。

「どんなこと聞かれた？」

「なんか、いろいろ聞かれたわ。ユウにいつも聞かれているようなこととか」

私自身もばあちゃんの認知症の程度を調べるため、普段からいろいろ質問をしていた。

「で、どんなこと？」

「どんなことやったかな」

はっきりした答えは得られなかった。


その後、別館でMRIなどの検査をして、また、元の診察室に戻ってこなければならなかった。ばあちゃんと0歳児のさおりを連れて広い大学病院を移動するのは大変だった。この大学病院は建物が古く、さらにあとからさまざまな建物が増築されており、エレベーターを何度も乗り換えながら移動しなければならなかった。

検査が終わって、また診察室に戻ってきたが、それからかなり長く待たされた。


担当は、ちょび髭をはやした藤川先生だった。

「こんにちは、後本さん。今日はどうなさったんですか」

藤川先生は私をさえぎるように手のひらを押し出し、答えないようにと合図をした。

「えーあのう、今日は、整形の川島先生が、なんかいろいろありまして、えーここに来たらいいということになりました」

取り繕うようなあいまいな答え方だった。

内科の立野先生には紹介状を書いてもらったが、整形外科に行った覚えはない。やはり、ばあちゃんは最近の行動を全く記憶しておらず、この受診の目的も理解していなかった。

「そうですか、体調はどうですか」

「体調はいいです」

ばあちゃんは、にっこり笑いながら答えた。


ばあちゃんが退室して、私は医師から説明を受けることになった。

「だいぶ、認知症が進んでますよ」

白板に掲げられたＭＲＩ画像フィルムを指差しながら説明してくれた。

「もう初期ではないです。中等度くらいですね」

「あぁ、そうですか」

予想はしていたが、はっきりと言われて、がっくりと肩の力が抜けた。

「お薬を出しますね。認知症の進行を抑える薬と夜寝られる薬を出しときます。夜眠れたら、大分違ってきますよ」

薬の効き目は絶大だった。認知症そのものは、よくならないのだが、ばあちゃんは夜出かけようとすることもなくなり、ぐっすり寝てくれて、昼も穏やかに過ごすようになった。晩酌は相変わらずだったが、まるで認知症がよくなってきたかのように思えた。

知恵27

薬の重複や飲み合わせについて確認しておく

認知症の薬物療法が始まると、せん妄などによる興奮を抑えるために精神科の薬が処方されることがあります。祖母の場合、物忘れ外来で睡眠薬に相当する薬が処方され、また、内科でも睡眠薬が処方されていました。睡眠薬の重複は危険なので、私は祖母に内科で処方された睡眠薬は飲ませないようにしました。複数の診療科にかかっている場合、同じ薬効の薬が重複したり、薬の飲み合わせなどがきちんと確認されなかったりすることがあります。薬剤師も気づかないことがありますので、今飲んでいる薬をきちんと薬剤師に伝えるようにしましょう。

赤ちゃんぐるぐる巻き

「ほんぎゃあ、ほんぎゃあ」

さおりが決まって夕方にぐずり、うんざりする日々が続いていた。

ヘルパーが午前中に来る木曜日は、午後からばあちゃんは手持ち無沙汰になる。そんな時には、ダンボール箱をいくつもつぶして、ナイロンの荷紐できれいに縛ることをよくしていた。ばあちゃんは、手の力が強く、紐使いが上手だった。その器用さは、なんでも自分でやらなくてはならなかった不便な時代を生きてきた証でもある。しかし、そんな作業はたいした量がないのですぐに終わってしまう。


とある木曜日のこと。

「ほんぎゃあ、ほんぎゃあ」

さおりは容赦なく泣き叫んでいる。

「ユウ、ばあちゃんが赤ちゃんみたるで」

悪魔のささやきが聞こえてくる。ばあちゃんは、いつまで経っても赤ちゃんの名前を覚えられない。認知症のばあちゃんにさおりをみてもらうなんて危険過ぎる、そう思いながら、ばあちゃんの誘惑をずっとかわし続けてきた。

ただこの日は、育児疲れもピークに達し、私も冷静な判断が難しくなっていたのかもしれない。


「じゃあ、ちょっとばあちゃんにみてもらおうかな」

私は1階のばあちゃんに少しの時間だけさおりを預けることにして、お気に入りのアメリカドラマを見はじめた。

ドラマがクライマックスに差しかかったところで、携帯電話が鳴った。

「もしもし」

「お母さんやけど、ばあちゃんがうちに来てるで」

「さおりと?」

「さおりをみてたけど、寝たから、退屈になってこっちに来たみたい」

「ええっ⁉　みたる、みたるって嘘ばっかりやな。ほったらかしやんか」

私は、慌てて階下に行き、居間の座布団の上に横たわってぐっすり眠っているさおりを見つけた。

「ごめんなー、ほったらかしにして。もう、ばあちゃんに預けたりせーへんから」

そう心に誓ったつもりであった。


ところがである。また次の木曜日に悪魔の声に誘われる。

「赤ちゃんみたるで」

「そんなこと言って、この前はほったらかしにして、お母さんのとこ行ったやろ?」

「そうやったか? 今度は絶対そんなことせえへん」

そんな言葉は信用できないのは、わかっていたのだが、また、誘惑に負けてしまった。

「じゃあ、ちょっとだけ、みてもらう」

危険なことは重々承知していたので、ほんの少しの間だけのつもりだったが、夜泣きで寝不足だった私は、いつの間にかテーブルに顔を伏せて眠ってしまった。


何分経っただろう。気が付くと、私は1時間くらい眠り込んでしまっていた。

「おぎゃあ、おぎゃあ」

「あぁ、よしよしよし」

ベランダのほうからさおりの泣き声が聞こえる。

「しまった」

私は慌てて階段を下り、外に出た。


「うっ！」

目にした光景に言葉を失った。

さおりは、ばあちゃんの背中におんぶされ、よく見ると、新聞を括るナイロンの荷紐でぐるぐる巻きにされていた。


「ちょっと待って、ちょっと待って、ちょっと待ってよー」

絶叫しそうになったが、ばあちゃんを驚かせて、その反動でさおりを落っことされてはと、そうっと近づいてさおりを両手で支えた。

「こんな細い紐でぐるぐる巻きにして、首にでも引っかかったらどうすんの」

「おんぶ紐がなかったけー」

ばあちゃんは、なんのことはないという顔をしていた。私はさおりを左手で支えながら、右手で紐をほどきはじめた。紐は思った以上にうまく巻かれていた。

「もう、なにしてくれてんのよー。もう、絶対ばあちゃんには預けへん」

知恵28

子どもと接する機会を作る

認知症の人は、子どもと触れ合うことで、気持ちが落ち着き、笑顔が増えます。祖母もひ孫に接すると、とても穏やかな表情を見せてくれます。長女である祖母は、昔自分が弟や妹を子守していたことを思い出すようです。このようにい い形で回想が促されることもあります。私のように目を離してしまってはいけませんが、高齢者と子どもの触れ合いは双方に良い影響をもたらします。

まさかの便失禁

「後本さんも行こうよ」

玄関のほうで、ばあちゃんと誰かがひそひそと話している。それは、老人会の日帰り旅行のお誘いだった。

昔から、ばあちゃんは地域の人々と活発に交流するほうだった。どちらかというとばあちゃんは、身内よりも他人を大事にするタイプで、珍しい食品や高級なお酒などが手に入るとすぐに近所の人にあげてしまう。そのようにしてどんどん付き合いを広げていくのだ。

ばあちゃんが、デイサービスに通っていることを、近所の人たちもわかっていたが、ばあちゃんがなんの病気なのかを正確に理解している人はいなかった。普段の近所付き合い程度では、特に変わった様子がないからだろう。

この頃、ばあちゃんは、トイレが間に合わないことが多くなってきた。失禁をすると着替えが大変なので、念のため、私はパンツ型の紙オムツを用意するようになった。

「これ、ごわごわするから、はきとうない」

「見て、見て、この紙パンツ。1枚1枚柄が違うで、ほら、おしゃれやん」

ばあちゃんの前では決して紙オムツとは言わない。言ってしまうと自尊心を低下させてしまうからだ。

「ほんまやなー。ハイカラな柄やな」

ばあちゃんは少し興味を持った様子で、紙オムツを手に取る。

「そんなうまいこと言って、ばあちゃんに紙オムツをはかせる気やな」

一瞬で表情が変わり、頬をぷっとふくらませながら、紙オムツを袋に戻す。

本物の下着のようなはき心地が売りの大人用紙オムツを購入していたが、やはり下着と全く同じはき心地というわけにはいかなかった。それでも、デイサービスで失禁すると、着替えがなくて困ることもあるので、紙オムツを毎回持たせるようにしていた。しかし、朝の準備の時に、手提げカバンに紙オムツを入れておいても、いつの間にか、ばあちゃんが取り出してしまい、施設の紙オムツを借りることがしばしばあった。施設から借りた分は返さなくてはいけないので、次回は多めに持ってくるように言われる。そこで、次の日は多めに入れておくのだが、やはり、ばあちゃんが行く寸前に取り出してしまう。そんなことの繰り返しが続いた。

結局、デイサービス事業者と相談し、特別に紙オムツをまとめて袋ごと施設に置いてもらえることになった。しばらく、紙オムツについて施設とやりとりすることはなくなり、平穏な日々が続いていた。ばあちゃんは、あきらめたのか、それともそこまで考えがおよばないのか、施設ではおとなしく、紙オムツをはいているようだった。

しかしながら、毎日のように連絡帳に書いてある言葉が妙に私の心に引っかかっていた。「今日も抵抗なく、紙オムツをはいていただいています」

「抵抗なく」という表現がどうも気に入らなかった。本来抵抗するはずの人が抵抗していないという感じに聞こえ、ばあちゃんが無力な存在であることを物語っているように思えたからだ。

その頃、さおりが8カ月になり、保育園に預けることができるようになったので、私は大学で老年看護について教えることになった。

大人が紙オムツの中で排泄する不快感と羞恥心、また紙オムツをはくことによる自尊心の低下などついて学生に教えなければならなかった。学生にそのようなことを教えつつ、一方で、ばあちゃんに安易に紙オムツをはかせてしまっている自分にジレンマを感じていた。私はばあちゃんに紙オムツについてもう一度聞いてみることにした。

「ばあちゃん、紙パンツどうや?」

「ごわごわして、気持ち悪い、普通の下着のほうがええ」

「そうよな」

毎回失禁するわけではないので、必ずしも常時紙オムツをはかないといけないというわけではなかった。

「じゃあ、普通の布のパンツに戻そうか。外出が長い時だけにしようか」

「そのほうがええ」

ばあちゃんは、嬉しそうに微笑んだ。


「老人会の連中がしつこいけー、旅行に行くことにしたよ」

「日帰りやろう?」

「そうや」

「紙パンツ忘れんとはいていきや」

「わかったよ」生返事だった。

老人会の旅行に、ばあちゃん一人で行かせることには、やはり不安があった。トイレのことだけではなく、そもそも集団行動がうまくできるのかどうか、考え出すと不安材料が次々と頭に浮かんだ。

しかしながら、介護が必要になったからといって、人との交流がデイサービスの中だけになるのは、かわいそうだなとも思っていた。地域の人たちとの交流が昔から大好きなばあちゃんには、そんな活動をできるだけ続けてほしかった。


老人会の旅行当日は、朝からさおりの機嫌が悪く、ばあちゃんに声をかける余裕がなかった。旅行に出かける前に、紙オムツについて念を押そうと1階に行ったが、もうばあちゃんの姿はなかった。

「あぁ、一足遅かったか。まぁ、なんとかなるやろう」


さて、心配した老人会の旅行の実際は、同行した人たちから漏れ伝わる話をつなぎ合わせるとこんな様子だったらしい。


行きのバスの中は、皆で演歌を歌ったりしながら、盛り上がっていた。

「後本さんも、1曲どう？　前に出て歌ったら？」

ばあちゃんは、首を大きく横に振った。この時、冷や汗が額ににじんでいた。

「後本さん、体調悪い？」

また、首を振った。ばあちゃんは、お腹がピーっとなりかけているのを耐えていた。

「じゃあ、せっかくやから、歌いーよ」

日本舞踊でも一緒の山田さんが誘う。

「後本さん、後本さん、後本さん」

皆が、声を合わせ、ばあちゃんにカラオケを促す。ばあちゃんは、血の気の引いた顔をして、首を横に振り続けた。それでも、ばあちゃんに歌わせようとあおり立てる。

「後本さん、後本さん、後本さん」

すると突然、ばあちゃんは、むくっと立ち上がった。

「おおっ、やる気になったな」

会長が盛り上げる。

ばあちゃんは、バスの通路を前方に向かって足を引きずりながら、歩きはじめた。

「前の人、マイク渡したって」

一番前に座っていた人が、ばあちゃんにさっとマイクを渡そうとした。

ばあちゃんは、そのマイクを払いのけ、運転席の横の手すりに飛び付くようにつかまった。

「うっ、運転手さん、バスを止めて。バスを止めて！」

「お願い、便所に行きたいけー」

「あぁーーーーーーーーーーー」

バスの中に徐々に悪臭が立ち込めた。


「ユッ、ユウ。ばあちゃんなんか、生きててもしょうがない」

ばあちゃんは旅行から帰ってくるやいなや、台所に駆け込み、いつもより激しくすすり泣きを始めた。

「だから、紙パンツはいていきーって言ったのにー」

私は、そう言いながらも、当日の朝、念を押せなかった自分にも腹を立てていた。

（かわいそうなことをした）


旅行から帰ってきた夜のレモン酒の量は、半端ではなかった。

「こんな年になって、便をもらすなんて」

ばあちゃんの声から痛烈な悲嘆の情が伝わってきた。

「こんな年やからしょうがないんや、気にせんとき」

「あぁー、じいちゃん早よう、迎えに来て」

ばあちゃんは、壁にかけられているじいちゃんの写真にひたすら訴えかけた。

モノクロ写真のじいちゃんは、なんだか少し笑っているように見えた。

「代わりのパンツはあったん？」

「ツルさんが、温泉に入ったあとにはくはずやったパンツを貸してくれた」

「ツルさん、優しいやん」

「きれいに洗って返さないかん」

眉間にしわをよせ、真面目な顔をしてそう言った。

「私が新しいパンツを買ってくるよ。そんなシミが付いたパンツを返すのもどうかと思うし」

「そうか。ありがとう」

ばあちゃんの目は赤く充血していた。


この事件以来、老人会からのお誘いはすっかり途絶えた。

しかし、ばあちゃんは毎日の温泉デイサービスに夢中で、老人会と疎遠になったことには全く気が付いていなかった。

知恵29

介護サービス事業者と積極的に交渉する！

介護サービスを利用するようになると、定期的なケアマネージャーの訪問や、家族と介護サービス事業者が集まって「ケア会議」が行われます。ケア会議は、ケアマネージャーが中心となって各介護サービス事業所の担当者を呼び、介護サービスによって利用者とその家族が円滑に生活を営めるようサービス内容を調整する場です。サービス事業者と直接話せる貴重な機会なので、困っていることや変更してほしいことは積極的に相談して、有意義な会議にしましょう。遠慮して発言を控えてしまうと「いつもと同じでいいですね」で終わってしまいます。私の場合、会議で相談したことで紙オムツを施設にまとめて置いてもらえるようになったり、朝食後の薬を施設で飲ませてもらえるようになったりしました。

知恵30

交流する人たちが変わるのも自然なことと心得る

私は、できれば祖母に今まで通り地域活動を続けさせてあげたいと思っていました。ただし、家族がついていってまで、老人会の活動に参加する必要はないと思います。祖母が温泉のデイサービスに行くようになり、そちらの利用者との交流が多くなりました。認知症があると、これまでと同じように老人会の人たちとの会話にはついていけなかったりするので、同じ境遇の者同士のほうが話しやすいということもあります。また、デイサービスは、トイレを失敗しても許されるという安心感の中で交流できる貴重な場所でもあります。

昔話に花を咲かせる

「それで？」

ばあちゃんを病院へ送るワゴン車を運転しながら、ばあちゃんの昔話の続きを促す。

ばあちゃんは、通院している大学病院の近くに、約40年前まで住んでいた。そのあたりはいまだに長屋が多く、庶民的な町並みが存在している。

昭和20年代前半、じいちゃんと一緒に富山から大阪に出てきたばあちゃんは、昭和30年代、40年代を長女である私の母、その弟の茂兄さんとともにその地で過ごしたのだ。一家は貧しくて、家の間取りは4畳半の1間だけ、トイレはなんとじいちゃんの手作りだったらしい。

家は路地の奥まったところにあり、外からは見えなかった。大層粗末な造りで、家というより、あばら家といったほうがふさわしい外観だったらしい。そんな家だったので、母は小学校の頃、友だちが自分の家に来たいと言い出すのをひどく恐れていたと言う。そんな貧しい暮らしぶりだったが、その隣りには自分たちよりももっと貧しそうな家族が住んでいたそうだ。いつもパンの耳を焼いて大人数の家族で食べていたらしい。母はそのパンの耳がおいしそうに見えたとか。

以前、母から聞いた話と、ばあちゃんの話が相まって、昭和30年代当時の大阪庶民の暮らしぶりが私の頭の中に描き出される。

ばあちゃんと病院に行くたびに同じ話が繰り返された。

パナソニック本社前を通るたびに話に出てくるのが死んだじいちゃんとの思い出だ。パナソニック本社前の桜は昔からあったそうで、じいちゃんはその桜を見て、きれいだと言っていたらしい。

そして、土居のあたりまで来ると、ばあちゃんが若い頃よく利用したというバス停が見えてくる。ばあちゃんが30代の頃、そのバス停からバスに乗って、生野区田島町の親戚が経営している眼鏡屋に働きに行っていた。田島町は眼鏡レンズの発祥地で、明治から昭和にかけて栄えていた。幼稚園に通っていない茂兄さんは、眼鏡屋に何度も連れていかれたが、いじめっ子がいたので、行くのを嫌がったらしい。嫌がる子どもを無理には連れていけず、家に一人置いていったそうだ。今では考えられない話だ。

じいちゃんは木箱を作る職人だった。ダンボールというものが世に出回る前は、木箱がその役割を果たしていたらしい。しかしながら、じいちゃんが結核を患い、入院するようになると、小学生だった母は、小学校から直接病院に見舞いに行っていた。ばあちゃんが眼鏡屋で忙しく働いていたために、病院しか帰るところがなかったのだ。じいちゃんは、病院でご飯を炊き、厚揚げや缶詰などを幼かった頃の母に食べさせていたという。


「えっ、4~5歳の子を置いていったん?」

「ものすごく嫌がるからしょうがなかったんや」

「眼鏡屋に行っている間に、茂がどぶにはまってなー」

「えー、大丈夫やったん?」

「警察に連れていかれてな、警察官の人が自分の肌着を着せてくれたんや」

「へぇー、すごい昭和な話やなー。今やったら、虐待とか育児放棄とか言われるで」

ばあちゃんの昔話がおもしろくて、ばあちゃんを質問攻めにしてしまう。

「警察官が自分の肌着を着せてくれるなんて、今やったら絶対ないなー」

ばあちゃんは昔の話だと、得意げにどんどん話す。

いつの間にか、するりと京阪電車の高架をくぐっていた。

「あっもう、ばあちゃんの話がおもしろ過ぎて、病院を通り過ぎてもたわ」

知恵31

回想を促してみよう！

祖母は最近のことはすぐに忘れてしまうため、昔の話を積極的に聞くようにしていました。回想法という心理療法があり、過去の懐かしい思い出を語ることで、脳が刺激され、精神状態を安定させ、認知機能の向上につながります。また、昔話をすることは、自分の人生を振り返ることにもつながり、精神面を充足させます。本人が好きな歌や馴染みの音楽をかけてあげることも有効です。今では、さまざまな施設で回想法が取り入れられていますが、家族が相手であれば本人のことをよく知っているだけに、回想もいっそう深まりやすいと思います。無理に最近のことを思い出させようとせず、得意な昔話に花を咲かせてみましょう。

認知症の受容までの家族の心理的過程

認知症を受容する過程は、人によってさまざまです。下表の第１階段から第５階段まで、スムーズに進んでいく人もいれば、第２段階と第３段階を行ったり来たりする人、1つの段階にずっととどまる人もいます。私の場合は初期の段階はあまり経験しませんでした。

本書の「介護の知恵」や「認知症レッスン」はこれらの段階を乗りこえるための後押しをしてくれるはずです。

第1段階
驚き・とまどい・否定

本人の異常な行動に戸惑い、否定しようとする。病気だと認めたくないので、悩みを他人に打ち明けられず、一人で悩んでしまう。

↓

第2段階
混乱・怒り・拒絶

認知症の理解が不十分なため、どのように対処してよいかわからず混乱したり、イライラしたりしてしまう。

精神的にも肉体的にも疲弊し、気持ちにゆとりがなくなり追い詰められ、本人を拒絶しようとすることで自己嫌悪に陥ったり、うつ状態になったりする。

いちばん辛い時期なので、医療・福祉サービスを積極的に利用して乗り切るようにしたい。

第3段階 あきらめ・割り切り	怒ったりイライラしても仕方ないと気づく。なるようにしかならないと思うようになる。「自分はよくやっている」と認められるようになる。 あきらめたり割り切ったりすることで、本人の症状は変わらなくても問題意識は軽くなる。

↓

第4段階 適応・理解	本人をありのままに受け入れた対応ができるようになり、認知症の人の世界を認めることができるようになる。 認知症に対する理解が深まってきて、本人の気持ちを考えるゆとりが生まれてくる。

↓

第5段階 受容	介護の経験を自分の人生において意味のあることとして捉え、その経験を社会に生かそうとする。

第６章

ついにお迎えか

ストーブにご飯つぶ

２０１３年1月に認知症の薬物療法が始まって1カ月ほどは、平和な日々が続いた。ばあちゃんが認知症と診断されたので、要介護認定の変更申請をしたところ、要介護３と予想以上に重く認定された。そのおかげで、ばあちゃんは大好きな温泉デイに週に5回も通えるようになった。

そんな安穏な日々がずっと続くかに思われたが、そうはいかなかった。

デイサービスがないある日のことだった。私が2階にいると、今まで嗅いだことのない異臭が漂ってきた。鍋が焦げる臭いとはまた違っていた。

おそるおそる階段を下りてみると、ばあちゃんが電気ストーブに対面しながらなにかしている。

「なにしてんの?」

「ほら、見てみ、ユウ、髪の毛がちりちりっとなっておもしろいんや」

「ちょっと、なにやってんのよ。燃えたらどうすんのんよ、危ないやんか!」

「大丈夫や。ほら、ちりちり、ちりちりって」

「全然おもしろくない」

私は首を横に振りながら、仁王立ちしてばあちゃんを見下ろした。

「かんしゃく起こしたらあかんで。子どもみたいなもんやな」

ばあちゃんは、そう言いながら、ニカっと笑い、真剣に髪の毛を燃やし続ける。ばあちゃんが薄気味悪かった。

「もう、火事になったらあかんから、やめて」

「わかった、わかった」

昔ながらの石油ストーブが危なかったので、最近、電気ストーブに変えたのだが、これでも危なそうだ。


その後、何度言って聞かせても、やはり同じようなことが続いた。

ある別の日、ばあちゃんがストーブに向かってなにやらやっているところを目撃した。

「また、髪の毛燃やしてるんか?」

「ちゃう、ちゃうよ」

覗き込むと、ばあちゃんは食べ終わった箸を火にかざしていた。

「なにやってるん?」

「ご飯つぶを燃やしてるんや」

「なんで?」

「洗うのが面倒になってきたからや」

(加熱消毒か?)やっぱり意味不明だった。

「お箸ごと燃えたら危ないし、2階にさおりもいるんやから、もうやめて」

「わかった。わかった」

絶対わかっていないに違いなかった。


次の物忘れ外来受診の日に早速、藤川先生に相談してみた。

「急に、電気ストーブで髪の毛とか、ご飯つぶを燃やしはじめて困っているんですよ」

「そうですか。では、レミニールを増量します」

レミニールは、アルツハイマー型認知症の治療薬だ。

薬の効果について半信半疑だったが、飲みはじめると驚くほど効果があった。ばあちゃんの火あぶり行動がパタリとなくなったのだ。

「やっぱり薬ってすごい」

私は母と手を取り合って、その喜びを分かち合った。2011年に発売されたその薬には本当に感謝だった。

「ばあちゃんがなにも燃やさんようになってくれたから嬉しいよ」

私は本人にも正直に言ってみた。

「そんなことしたか?」

ばあちゃんは首をかしげていた。

知恵32

適切な薬物療法を受け入れる

薬の使用については、さまざまな意見がありますが、適切な薬物療法は家族の介護負担を楽にしてくれます。認知症の薬は現在4種類で、これからも研究は進んでいくでしょう。また、睡眠障害、徘徊、暴言、暴力、せん妄、物盗られ妄想、帰宅願望、幻覚、うつ、失禁、弄便《ろうべん》などの認知症の周辺症状には向精神薬が有効です。薬物療法は、非薬物的介入(レクリエーションなど)と組み合わせるとより効果的です。しかしながら、同時に副作用にも注意しなければなりません。認知症の人は、自分の体調の変化をうまく伝えられないので、周りの人が観察して状態の変化に気づいてあげなければなりません。多剤併用や向精神薬の乱用は、病状がかえって悪化することがあります。必ず、物忘れ外来などの看板を掲げている認知症の専門医に薬を処方してもらいましょう。適切な量であれば、本人が穏やかに過ごすことを助け、家族の介護をスムーズにしてくれます。

知恵33

状態の変化を細かく医師に報告する

私が働くようになってからは、祖母が病院を受診する際には、叔父が連れていってくれるようになりました。そこで私は医師に祖母の病状や日常の変化を詳しく伝えるために手紙に書くようにしました。医師に些細な病状の変化を伝えてもあまり意味がないように思いがちですが、私の場合、細かい変化でもきちんと医師に伝えることで、薬の量を適切に調整してもらい、介護が楽になるということが何度かありました。医師に病状を伝える際には、できるだけ詳しく伝えたほうがいいと思います。

アルツハイマー型認知症で処方される薬

いずれの薬もアルツハイマー型認知症の進行を遅らせる薬です。現在の薬ではアルツハイマー型認知症を根治させることはできません。

製品名	アリセプト	リバスタッチパッチ、イクセロンパッチ	レミニール	メマリー
作用	アセチルコリンの働きを強める	アセチルコリンの働きを強める	アセチルコリンの働きを強める	グルタミン酸の働きを抑える
アルツハイマー型認知症の程度への適応	軽度から重度	軽度および中等度	軽度および中等度	中等度および重度
剤型	錠、細粒、口腔内崩壊錠、内服ゼリー、ドライシロップ	パッチ（貼り薬）	錠、口腔内崩壊錠、内用液	錠、口腔内崩壊錠
備考	主な副作用に嘔吐や下痢。その他徐脈、肝障害等	消化器症状の副作用が少ない。皮膚症状に注意	主な副作用に嘔吐や下痢。その他徐脈、肝障害等	記憶障害だけでなく興奮や攻撃性等の周辺症状にも有効

※不穏、興奮、攻撃性等の周辺症状（BPSD）に対しては、抗精神病薬（セロクエル、リスパダール、ハロペリドール、レボメプロマジン、ルーラン、ジプレキサなど）や抑肝散が用いられます。

祖母の場合

診断当時は、レミニールとセロクエルが処方され、量を調整しながら2年ほど飲んでいましたが、心疾患（徐脈）への影響が心配され、メマリーに変わりました。リバスタッチパッチが処方された時もありましたが、貼り薬で皮膚がかぶれるためにすぐにやめました。しかし、貼り薬のほうが使い勝手がよい場合もあります。

遅過ぎた？　アロマテラピー

私の職場の上司は、老年看護領域の教授で、日頃から私は認知症に関する最新情報を学ぶことができた。認知症を少しでも改善する方法を知ると、まずはばあちゃんに試していた。

ある日、上司とともに講演を聞きに行った帰り道に、ローズマリーなどの特定の香りが認知症に効果があるということを教わった。早速、仕事帰りに梅田の百貨店でアロマテラピー用の白い陶器製のアロマポットを購入した。コンセントに挿すだけで使用できる安全性の高そうなアロマポットだ。トイレを流し忘れたり、鍋を焦がしたりと、なにかと悪臭が立ち込めやすいばあちゃんの部屋にアロマテラピーとは実に名案かもしれない。

「ばあちゃん、認知症（じゃなかった）、えっと物忘れに効く匂いがあるんやって」

居間の隅にあるコンセントに、アロマポットのプラグを挿し込みながら説明する。

「どんな匂いや？」

「ローズマリーっていう匂いや」

「ローズマリーってなんじゃ？」

「ハーブや」

「ハーブってなんじゃ？」

「いい香りがする草や」

「くさ？」

「まあ、匂ってみたらわかる」

私はそう言いながら、アロマポットの上の平らな部分にオイルを3滴ほどたらす。

「ほら、匂いしてきた。いい匂いやろう？」

「なんも匂わんぜ」

ばあちゃんは、鼻をピクピクとさせる。

「そうか、じゃあもっとたらそう」

さらに3滴、アロマポットにたらしてみた。

そこへ、玄関の扉が開く音がし、母が廊下を通ってすたすたと居間に入ってきた。

「いい匂いやん」

「そうやねんけど、ばあちゃんは匂いせえへんって」

私は母のほうを振り向いて、苦笑いをする。

「ちょっとは、匂いしてきた？」

「匂わんぜ」

さらにもう3滴たらしてみたが、ばあちゃんの嗅覚は全く反応しなかった。

「認知症予防にこの匂いが効果あるって聞いたんやけど」

「もう遅いっていうことやな」

母は残念そうに言った。

「じゃあ、お母さんが使うわ。私が使うんやったら遅くないやろ？」

母は60代だし、予防にはちょうどよい年齢だった。

「重度の認知症で、あまり匂いを感じない人でも効果があるらしいから、お母さんには別にもう1つ買ってきたるよ」

その時、私の目の前をひょろひょろと蚊が落ちてきた。

「あれっ、ばあちゃんに効かへんけど、蚊に効いたみたい」

私と母は顔を見合わせてふふっと笑った。

「お母さんにあげ。ばあちゃんは、蚊取りは1個持っているから」

「これは、蚊取りちゃうで、ほら、よく見てみ」

私はアロマポットを両掌に乗せて、ばあちゃんがよく見えるように持ち上げてみたが、何度説明してもばあちゃんには全く通じなかった。

知恵34

アロマを楽しみながら認知症の進行を予防する

アロマテラピーは、認知症の周辺症状（徘徊、暴言、暴力、幻覚、妄想、興奮など）に効果があるだけでなく、中核症状（記憶障害、見当識障害、判断力障害、言語障害など）にも効果があることがわかっています。アロマオイルを選ぶ際には、体内リズムを考慮し、昼間は交感神経を刺激するローズマリーカンファーとレモン、夜はリラックス効果のある真正ラベンダーとスイートオレンジを用いるとよいそうです。

自由気ままな認知症デイ

今日は、上司と一緒に認知症対応型デイサービスを訪問する。

「そこは、他のデイサービスで断られるような重度の人も、穏やかに過ごせるそうよ。動物もたくさんいるのよ」

「へぇーそうなんですか。楽しみです」

ぽかぽかと暖かい日差しが気持ちいい昼下がり。そのデイサービスは大学から近いため、上司と話しながら歩いて向かった。芦屋ならではの気品のある住宅街で、一つひとつ家の造りは違っても、町並みはなんだか統一感がある。

訪問の目的は研究協力の依頼だが、上司の話を聞いて、どんなデイサービスなんだろうかとワクワクしていた。

そこは瀟洒《しょうしゃ》なレンガ造りの洋風の家だった。「けやき」と彫られた青銅の表札が目に入る。大きくはないが手入れの行き届いた庭があり、白粉素焼き鉢にオレンジの小さな花が品よく植えられている。

「デイサービスって感じが全然しないですね」

「そうでしょう」

鮮やかな緑の門をくぐり、薄茶色の石畳をゆっくりと踏みしめながら、白い扉へと向かう。

「こんにちは」

上司が扉を開ける。鍵は閉まっていなかった。

60代くらいの落ち着いた女性がにっこりと出迎えてくれる。

「こんにちは。お待ちしておりました」

「こちらが、施設長の永石さん」

「初めまして」

その後ろから、白と茶色の模様のチワワがちょこちょことやってくる。

「この子も歓迎していますよ」

施設長はしゃがみ込み、チワワの頭をそっと撫でる。

「どうぞ、こちらへ」

私たちは、居間に通される。そこには、木製の四角いテーブルと椅子があり、カーキ色の大きなソファもある。そのソファには、3人の高齢者がゆったりと楽な姿勢で腰かけていた。

彼らの足元には、白いマルチーズや茶色のポメラニアンがちょろちょろと動きまわっている。寡黙そうなおじいさんは、そんな犬たちを見ながら微笑んでいる。

カウンター式のキッチンの向こう側に数人のスタッフと、屈託のない笑顔を振りまいている一人の高齢の女性がいて、居間のほうを見ながら洗い物をしている。

若い女性スタッフから声をかけられる。

「一緒に3時のおやつを食べていってください。女性の利用者さんたちも一緒に作ったんですよ」

ここでは、利用者に食べたい物を聞いて、利用者と一緒に買い物に出かけ、一緒に調理までもするという。

先ほど洗い物をしていた高齢の女性が、私たちに手作りの紅茶のゼリーを出してくれた。初めはこの高齢の女性もスタッフなのかと思っていたのだが、聞けば、この女性も認知症で、この施設の利用者の一人だという。

(重度の認知症の人が紅茶のゼリーを作れるなんて)

ソファでゆったりする人、家事を手伝う人など、利用者それぞれが、自由に自分の時間を過ごしている。

自分の家のように自由気ままに過ごせるのが、この施設の魅力だ。サービスを受けに来ている「利用者」という感じはしない。

「あの方なんかは、老健であばれて追い出されちゃったんですけど、ここでは穏やかに過ごされているんですよ」

先ほど犬を見ながらにこにこしていた寡黙そうなおじいさんを指して施設長が言う。

「そんなふうに見えないですね」

また、別の高齢の女性は本を持って廊下のほうに出ていく。

「あの方は2階に本を読みに行くんです。2階にもゆったりできるふかふかのソファがあるんですよ。そこでよく、一人で本を読んで過ごされます」

「おやつも別に皆が一緒に食べなくってもいいんです」

それぞれが、自由な時間を思う存分に過ごせるようになっていた。

「うちの利用者の家族の会（利用者の家族が集う場）でもここに移ってよかったって皆さんおっしゃってくださいます」

施設長は、自信と誇りに満ちたすがすがしい表情をしている。

「こういう施設は、私、初めてです。本当にいいところですね」

施設内を一通り案内してもらったあとに、研究協力の内容について上司が説明し、私はメモを取りながら聞いていた。打ち合わせは1時間ほどで終わった。

「そろそろ失礼します」

上司とともに玄関へ向かう。

「サヨナラ」

人の声とは思えない高いような低いような変わった声がする。

「えっ、なに？」

私があたりを見まわすと、床の上に鳥カゴがあり、黄色い小鳥が私たちを見上げていた。

「その子、あいさつするんですよ」

追いかけてきたポメラニアンを抱き上げながら施設長が説明する。鳥カゴには「小鳥のぴーちゃん」と書かれた紙がラミネート加工されて貼り付けてあった。

「ぴーちゃん、すごいですね」

「サヨナラ」

「あっ、また言った」

「さよなら、ぴーちゃん」

私は、上司と顔を見合わせながら満面の笑みでその洋館をあとにした。

「自分が認知症になって通うなら、私もこんなとこがいいなぁ」

知恵35

できることは、自分でやってもらう

認知症になると、なにかを計画したり、段取りを考えたりすることはできなくなりますが、「手続き記憶」と呼ばれる体で覚えている記憶は残っているので、洗濯物を干す、洗濯物をたたむ、野菜を切る、編み物をするなどの作業を部分的に行うことはできます。なにもかも家族がやってしまうより、作業の一つひとつがリハビリになるので、できるところはやってもらいましょう。本人が活き活きと過ごすだけでなく、家族の負担を部分的にでも減らすことができればいいですね。

一石二鳥のアニマルセラピー

「こんにちは」

ばあちゃんがデイサービスに行っている間に、隣の緒方さんがやってきた。

「こんにちは」

いつも、玄関先で優しく声をかけてくる気のいいおじさんだ。

「いやぁ、ちょっと内緒で話したいことがあって」

今日の緒方さんは少し険しい表情をしていて、いつもの緒方さんらしくなかった。

「はい、なんですか」

「実は、ねずみのことでね。こっちにねずみが来とらんかと思って」

「来てますよ、来てます！　お恥ずかしながら、ねずみに悩まされているんですよ」

私は、正直に話した。

「やっぱりそうか。いやぁ、石山のやつが、このあたりのねずみをコントロールしててな。気に入らん家にねずみを送り込むんや」

「ええっ本当ですか、いったいどうやって？」

「いろんな家の壁にこっそり穴を開けたり閉めたりしてるんや。うちも最近やられて、困っとるんや」

驚くべき事実だった。

(本当にそんなことが可能なのだろうか)

「あの人は器用やから、なんでもできるんや」

(その才能をもっと前向きなことに活かせないのだろうか)

「なんとかしたいんやが、どうしたらええかな?」

緒方さんは浮かない表情で、考え込んでいた。

「じゃあまた。なにか名案が思い付いたらまた来るで」

緒方さんはねずみのせいで少しノイローゼぎみに見えた。気持ちはわかる。私だって随分悩まされているのだから。

「わぁーーっ」

テレビの横から薄汚いネズミが出てきて、畳の上を横断し、ものすごい勢いで押入れの奥に逃げ去った。

私は、ちゃぶ台の上に出していたパンを慌てて隠した。さおりは、手足を元気そうに動かしながら、なにもなかったかのように私に微笑みかける。

誰かが階段を上がってくる音がする。

「なに大声上げてるの？」母が不思議そうに尋ねる。

「あぁ、お母さん。また、ネズミが出てきて。もう、ほんまに気持ち悪いわー。ネズミ駆除の仕掛けはいっぱいしているのに、いっこうにいなくなれへん」

「ネズミは手ごわいなー。猫でも飼うか？」

「猫？　さおりとばあちゃんの世話でもう手いっぱいやのに？」

「猫の世話はお母さんがしに来たるよ」

母はニッと笑い、お安い御用という顔をした。

「ほんまに？　でも、お母さん、猫好きじゃないよな？」

「犬のほうが好きやけど、猫も飼ってたら、かわいくなってくるんとちゃうかな」

「そういえば、最近、認知症の人が動物と触れ合うとすごくいいって教えてもらったんよ」

私と母は早速、猫を販売している少し遠いホームセンターに向かった。ホームセンターの一角にペットショップのコーナーが設けてある。ケージが2段重ねになっており、猫が1匹ずつ入っている。

一番安い猫で1万円だった。1万円台の猫はベンガルが多かった。高い猫でも10万円もしなかった。ネットで調べた相場よりかなり安い。

「どうしよう、一番安いのにする？　目的はネズミがいなくなることやし」

茶色のアビシニアンにブラシをかけている店員さんに声をかけてみた。

「あんまり猫にこだわりはないんですけど。この猫たちの値段の差ってやっぱり猫の種類の違いですか」

「それもあるんですけど、この1万円ほどの猫たちは、胸が薄く生まれているので短命の可能性があるんです」

「えっ、そうなんですか？」驚くべき返答だった。

「それに、まだ赤ちゃんでデリケートなので、離乳食を与えないといけないんです」

「離乳食？」

母と私は顔を見合わせた。さおりの離乳食だって大変なのに、猫の離乳食までは無理だ。

「じゃあ、あの猫は？」

何匹かの猫について聞いてみたが、どの猫も通常の値段で売れない理由があった。障害のある猫たちが安く売られているのかと思うと次第に複雑な気持ちになってきた。

「短命そうな猫にネズミ退治を期待するのはかわいそうやから、もうちょっと元気そうな猫にしよう」

「あの猫、元気そう」

白いシャム猫で、眼がブルーに輝いている。ケージの中をしなやかに動きまわっていた。

「あの猫はどうですか」

「シャムちゃんは、尾曲がりなんです。もうすぐ1歳なのでそんなに手はかかりません。尾が曲がっているだけで元気ですよ」

「じゃあ、この猫にしよう」


元気な尾曲りのシャム猫は保険を付けて6万円ほどだった。猫は取っ手付きの白い大きな箱に入れられた。そっと車に乗せて、連れて帰った。白い箱のすき間から青い瞳がこちらを睨んでいる。

全身の毛が白いので名前はシロになりそうだったが、それではストレート過ぎるということでチロになった。

チロは、きちんとした血統書付のシャム猫で、ひいおじいさんやひいおばあさんまで3世代分の血統図が記された証書をもらった。

「すごいねー。人間以上やねー」

チロの青い瞳に気品が感じられた。

「尾が曲がってたばっかりに、うちに来て、期待されてるのはネズミ退治と認知症のばあさんの相手だなんて、ちょっとかわいそう」

早速、デイサービスから帰ってきたばあちゃんにチロを見せてみた。チロは、ばあちゃんの足の臭いをクンクン嗅いだあと、両足の周りを八の字に回った。

「猫なんか、あんまり好きじゃない。うっとうしいわ」

そう言いながらも、ばあちゃんは回転式の座椅子に座り猫をそっと撫でた。まんざらでもない様子だった。

数日後、上司に猫のことを報告した。

「うちでも猫を飼って認知症のアニマルセラピーやってみることにしました」

「そう、おばあちゃんがますます元気になるといいわね」

本来の目的であるネズミ退治のことは伏せておいた。

知恵36

動物に触れ合えるようにする

アニマルセラピーが認知症に大きな効果を発揮するといわれています。特に自発的になにもしなかったり、できなくなってしまった重度の認知症の高齢者に効果的といわれています。祖母の場合は、猫に対して偉そうに振る舞います。相手が自分より弱く、自分を叱ったりしないので、安心して、自信を取り戻すことができるのでしょう。動物に接することは心を穏やかに保ち、自分の役割を思い出すことにつながります。アニマルセラピーによって、家族では与えることのできない、人間らしい感情や心を取り戻すことが可能になります。好きな動物で是非、試してみましょう。

近過ぎる引っ越し

２０１４年7月、いつまでも、ばあちゃん家《ち》の間借りをしているわけにはいかないので、ばあちゃん家のすぐ裏の通りにある新しい家を購入した。ばあちゃんも一緒に引っ越すという案も出たが、余計に混乱するかもしれないということで思いとどまった。新居は実家とばあちゃん家のちょうど中間地点にした。母の強い希望もあってその場所になったのだ。


荷物をまとめていると、ばあちゃんが声をかけてきた。

「ユウ、もう出ていくんか」

「出ていくって言ってもすぐ裏に住むんやで。目と鼻の先や」

「そんなこと言わんと、もっとおってくれ。ユウがおらんようになったら、ばあちゃんは生きていかれへん」

お酒も飲んでないのに、すすり泣きを始めた。

「あぁ、じいちゃん早よう迎えに来て」

私がいなくなることに不安を感じたのだろう。

「ユウが来て体調が悪くなったとか言ってたくせに」

「そんなこと言ったか」

私が出ていく前は、ばあちゃんは別れを惜しむ様子がありありと見て取れたが、いざ引っ越してしまうと、もう戻ってきてくれとは言わなかった。

ばあちゃんは認知症の進行とともに、スーパーに好きな物を買いに行けなくなったが、その代りに、デイサービスから帰るとすぐに私の家に来るようになった。決まって私の家で1杯だけお茶を飲むと、そそくさと帰ってしまう。お茶を飲む間、新居の居間では、二人で会話にならない会話が続いた。

「今日の温泉（デイ）はどうやった？」

「えっ、どうやったかな？　もう忘れたわ」

「さっき行ってきたとこやのに」

「ユウは、ここに住む前はどこに住んでたんや？」

ばあちゃんは、いつの間にか、私と一緒に2年ほど住んでいたことも忘れてしまっていた。

しかし、そんなになにもかも忘れるにもかかわらず、私の新居には、道順を間違わずに来ることができた。
ばあちゃんは、手持ち無沙汰になると、決まって私の家にやってくるのだ。

知恵37 新しい情報も繰り返し何度も伝えてみる！

認知症になったとはいえ、新しい情報が全く覚えられないわけではありません。名前は覚えられなくても、新しい人や環境に馴染むことはできます。祖母の場合、私の新しい名字を何度も郵便物などで見たせいか、名字を覚えることができたので、新しい家の表札を認識して、間違いなく来ることができています。肉親の名前もいくらか忘れてしまっているのに、新しい家の場所を覚えることができているのです。認知症って不思議ですね。

知恵38 可能であれば住み慣れた家に住まわせてあげる

認知症の人は、新しい環境に馴染むこともできますが、やはり住み慣れた環境のほうが、本人は安心して快適に暮らせるでしょう。記憶は新しい記憶から失われていきますが、昔の記憶は残っています。もし新しい環境に住むことになっても、以前住んでいた家の造りや雰囲気に似せてあげることができれば混乱は少ないと思います。

寿司屋で瀕死⁉

ばあちゃん家《ち》に居た時から、よくばあちゃんと廻る寿司に行っていた。ばあちゃんは、昔からお寿司が好きで、外食といえば、いつもお寿司だった。

新居に引っ越して1週間後の土曜日の夕方、ばあちゃんをお寿司に誘ってみた。ばあちゃんは早く寝るので、夕方5時くらいに出発した。もちろん母も一緒だ。

この界隈の廻る寿司は、2階建てで、エレベーターがないところが多く、さおりにとっても、ばあちゃんにとっても不便だった。ばあちゃんのなにも入ってない黒いカバンを私が持ってあげる。ばあちゃんは、杖と手すりを使って階段を上がっているが、杖がうまく使えず、なんだか邪魔そうに見える。

「杖も持っとこうか？　手すりに集中したら」

「そうやな」

ばあちゃんは素直に杖を渡し、ゆっくりと一段一段上がっていく。

「今日は珍しく、空いてる」

「給料日前やからやわ」

母の指摘はいつも鋭い。店に入ると、すぐに正面奥のテーブルに通される。

私と母は回転レーン側に座り、ばあちゃんは母の隣り、さおりは私の隣りに座る。この並びにしなければ、ばあちゃんはどの寿司を取ったらいいかわからないし、さおりはレーンのデザートに手を出すに違いなかった。

「ばあちゃん、なにが食べたい？」

「なにがいいかな」

「ユウの好きなのを頼め」


ばあちゃんは、認知症になってからはなにを食べたいとは言わなくなった。寿司にどんなネタがあるかを考えることができなくなったのだ。

「じゃあとりあえず、ばあちゃんの好きな海老を頼むな」

このお店ではタッチパネルでも注文できる。タッチパネルの操作はいつも私の仕事だ。

ばあちゃんは、なにを食べたいとは言わないが、目の前に差し出された寿司はほとんど素早く食べてしまう。

「87歳でそんだけ食べられたらすごいね」

私は、ばあちゃんの食欲に圧倒される。

さおりは魚アレルギーがあるため、決まってかっぱ巻き、カニ、イクラを食べる。ばあちゃんは、アレルギーのことなど理解できないので、自分の箸で直接、さおりにマグロを食べさせようとする。

「ちょっと、やめて、あかんあかん、魚アレルギーやから」

「それに、直箸《じかばし》で食べさせたらあかんよ、虫歯とかうつるから」

「そうか」

ばあちゃんは、納得できない様子だった。

母は、ばあちゃんでも食べやすそうな噛み切りやすいネタを私に提案する。

「ネギトロとか、ホタテとか」

母は注文した寿司を、ばあちゃんとさおりに器用に取り分ける。積み重ねられた皿が随分高くなり、お腹も満たされていく。

「ばあちゃんも、お腹いっぱいになってきた」

その時、みずみずしいヤリイカがレーンを通り過ぎた。

「あのイカが食べたい」

「イカは硬いからやめといたほうがいいって」

「大丈夫や、ばあちゃん食べられる」

私と母がどう言っても聞かないため、仕方なくタッチパネルでヤリイカを注文した。注文したヤリイカは、回転レーンではなく、店員が直接テーブルに運んでくる。皿が小さく見えるほど大きなヤリイカが2貫乗っていた。

「これ、ばあちゃんが食べやすいように3つくらいに切ってもらえませんか」

「申し訳ありませんが、できないんです。衛生上、できないんです」

チェーン店の寿司屋には無理なお願いだったようだ。

「そうですか、わかりました」

「ばあちゃん、飲み込めそう？」

そのままで全然かまわないという感じで手を伸ばした。

「大丈夫？」

ばあちゃんは、ヤリイカが乗った皿を店員から引ったくるようにして、早速1貫めを頬張った。

「………。うっ！」

ばあちゃんが苦しそうな表情をする。

「詰まったんちゃう？」

母が慌てて、背中を強く叩いた。

それでも、のどに詰まったイカは取れないようで、ばあちゃんの顔色が次第に悪くなる。

「もっと強く叩いて」

私が声を荒らげる。

母がかなり強く背中を叩く。

まだイカは取れない。

「掃除機を持ってきてください！　掃除機を」

私は店員に向かって狂ったように大声で叫んだ。

「掃除機を早く持ってきてください。早くー」

私は1週間後に、大学の老年看護領域の講義で、高齢者がのどに食べ物を詰まらせた時の対応として、掃除機による吸引の実演をすることになっていた。家でその練習をしようと思っていて、掃除機に取り付ける吸引ノズルを自分のカバンに入れていたのだった。

「掃除機です」

店員が急いで走って持ってきた。

ばあちゃんの顔はすでに青紫になってきている。

私はさおりを母に託し、吸引ノズルを掃除機のホース先に素早く差込み、ばあちゃんの口にノズルを突っ込んだ。

まさか、こんなところで掃除機吸引の実演をすることになるとは思いもしなかった。

ゴゴッとなにかを吸い込んだ音がした。

「ハッ、ハア、ハアー」

ばあちゃんの息が漏れ、顔色がみるみるよくなってくる。

いつの間にか、店内のお客の注目を集めていた。店員はそそくさと掃除機を片付けはじめた。イカを切ってあげられなかったことが後ろめたかったのだろう。

(アメリカだったら、訴訟して勝てると思われる状況だ)

「あぁ、よかった」

私と母はほっと胸を撫で下ろす。

「もう、だからイカはやめときって言ったのに」

「もう食べるのやめとくわ。お腹いっぱいやし」

ばあちゃんは、そう言うとテーブルに突っ伏した。

しばらくすると、ばあちゃんは突っ伏したまま、顔を少しだけ上げて、回転レーンを眺めはじめた。大きないなり寿司がゆっくりと流れていく。

「あっ、あのいなりが食べたい」

ミルクレープに手を付けていた私は、一瞬手を止める。

「えっ、もうお腹いっぱいじゃなかったん?」

「そんなこと言ったか?」

ばあちゃんは何事もなかったかのように言う。

私はレーンに手を伸ばした。目の前を通り過ぎようとするいなりの皿になんとか手が届く。

「はいはい、取ったよ。息が止まってたのに、大丈夫? 食べれるの?」

「大丈夫や」

ばあちゃんは、目の前に置かれたいなりを箸でつかむ。満足そうに頬張り、飲み込んでいく。


「もう、ばあちゃんそれぐらいにしとこう」

「わかった。最後にユウの食べているその玉子を食べたい」

私のミルクレープを指して、そう言った。

「玉子ちゃうで、ケーキやで」

「それが食べたい」

「もう、これで終わりやで」

ミルクレープをもう1つ注文すると、店員がまたテーブルに運んできた。

ばあちゃんはミルクレープを箸で丸ごとつかんで頬張る。

「これ、玉子ちゃうやんか。こんなんいらんわ」

ばあちゃんは、顔をしかめて、舌をべっと出す。

「ばあちゃんは、玉子が食べたい」

「もう、知らん」

私はあきれてそっぽを向いた。

「ばあちゃんがおごるから」

仕方なくばあちゃんに最後の玉子を食べさせ、その後、私はばあちゃんとさおりと一緒にトイレへ向かった。母がその間に会計を済ませる。

ばあちゃんは、手前の個室に入り、私とさおりは奥の広い個室に入った。私とさおりが用を済ませ、トイレの個室から出ると、ばあちゃんはもうトイレにはいなかった。

母は会計のところで待っていた。

「ばあちゃん、どこ行った？」

あたりを見まわしてもばあちゃんの姿が見えない。

「もう、階段下りてしまったんかな？」

私たちは慌てて、階段を下り、車のところまで歩く。車の近くにもばあちゃんはいない。駐車場全体を探したが見つからない。

「まさか、歩いて帰ったんじゃ」

家まで歩くと30分はかかる。

「どうしよう、誰か一人、家の方向に歩く？」

「まだ、警察に電話するのは早いよな」

子どももいるので、身動きが取りづらかった。

「お母さんが歩いて探すわ」

母がそう言って、歩きかけた時、先ほど掃除機を持ってきた店員がやってきた。

「お客様、あのう、おばあさんが待合の奥に座っておられますが」

「えっ、上にいましたか？」

ばあちゃんは待合の長椅子に座っていたのだが、私たちは気が付かなかった。

ハプニングだらけの廻る寿司をあとにし、ばあちゃんを家まで送る。私の新居は、ばあちゃん家の裏で目と鼻の先であるが、車だと少し遠回りをしないといけない。

「じゃあ、ばあちゃん、早よう寝えや」

「ありがとう、寿司おいしかったわ」

「うん、また、行こう」

「ごちそうさま」

あたりはもう真っ暗だった。

ばあちゃんが、玄関の鍵を開けて入り、施錠したのを確認して、その場を去った。


家に着いて、お風呂を沸かそうと思い浴槽を掃除していた。ばあちゃんを送り届けて20分ほど経った頃だった。ガチャガチャと扉を開けようとする音がする。

「ユウ」

ばあちゃんの声だ。ばあちゃんはインターホンをいつも押さない。

「どうしたん？」私は急いで扉を開ける。

ばあちゃんは、まるで今日初めて私と会ったかのような表情だ。

「ユウは晩ご飯食べたかなと思って。寿司でも食べにいかへんか？」

「…………」

知恵39

年金を使ってでも喜ばせてあげる

本人が元気で、家族のことがまだ認識できるうちに、食事や旅行に連れていってあげたいという気持ちはあるものの、日常生活で手いっぱいだったり、経済的に余裕がなくてできないという人も多いと思います。本人は、自分で計画を立てることができないので、家族が本人の代わりに楽しい計画を立て、年金などで支払うというのもいいと思います。本人は出来事すべてを忘れてしまうかもしれませんが、それでも意味があると思います。

知恵40

食べ過ぎに注意する！

糖尿病と認知症には深い関係があり、両者を併発する高齢者は少なくありません。高齢糖尿病患者の認知症のリスクは、アルツハイマー型認知症および血管性認知症ともに非糖尿病患者の2～4倍といわれています。最近では、糖尿病になると、脳の一部である海馬（記憶にかかわる）の萎縮が進むことがわかっています。糖尿病になると空腹感を強く感じるので、特に食べ物に執着します。

血糖管理が悪いと、過食などの行動障害が起こりやすいこともわかっています。カロリーの過剰摂取は、脳にもよくないので認知症の悪化にもつながります。

認知症になると満腹中枢に障害がおよび、満腹感が得られなかったり、食べたこと自体を忘れてしまったりするので、過食により糖尿病が悪化しやすくなります。

家族は、食卓や身の周りに必要以上の食べ物を置かない、1回の食事量を減らし、回数を増やす、野菜やキノコ、海藻等の低カロリー食品を多くする、食べたことがわかるよう食器の片付けを遅らせる、楽しく食べられるよう厳しくせず、工夫し満足感を残す、夢中になれる楽しい活動に誘い食事から気をそらすなどのさまざまな工夫をする必要があります。

お迎えが来た!?

引っ越してから半年ほど経った2015年2月、その時が来た。

この日は、ばあちゃんの米寿の記念旅行の前日だった。ばあちゃんは、もうその頃には旅行の予定など全く覚えることができなかったが、私が話を持ち出すと「茂も来るで、楽しみやな」と毎回同じことを言った。

その日は休日で、私は幼馴染のミヤちゃんと一緒にランチに出かけていた。ランチを終えたあと、ミヤちゃんを新居に案内した。ミヤちゃんには居間でくつろいでもらい、私がキッチンでお茶を淹れようとしていた時だった。

私の携帯電話のバイブが振動した。

「ユウちゃんの携帯やで」

ミヤちゃんの言葉で、私はテーブルの上に置いていた携帯電話を手に取った。母からだった。

「どうしたん?」

「ばあちゃん、倒れてん! 今、救急車呼んだとこ! イチローさんはもうこっちに来てる」

「ええっ、今どこにおんのん?」

私は、びっくりしてパニックになった。

「えっ、私どうしたらいい？」

「早くばあちゃん家《ち》に来て！」

「ごめん、ミヤちゃん。ばあちゃん倒れて救急車来てるから行かなあかん」

「ええっ、じゃあ急がないと」

私は慌てて電気ヤカンのスイッチを切り、財布とショルダーバッグだけを持って出た。玄関の鍵をかけ、ミヤちゃんとともに現場に向かった。

ばあちゃんの家が見えるところまで来ると、父が救急車を懸命に誘導していた。救急隊員が家の中に入っていった。母は邪魔になるからと、いてもたってもいられない様子で玄関の外に出てきた。

「今、救急隊員が中で処置してる。心肺停止やって」

「ええっ！」

「お母さん、もうびっくりして」

母はがくがく震えていた。

お迎えが来るとか来ないとか、ばあちゃんとよく冗談を言い合っていたが、実際このような場面になると、もう起こっていることが信じられなくて怖くなった。

「どんなふうに倒れたん？」

「いつものようにご飯を持ってくると、ばあちゃんが玄関先に座っていて、なんか気分悪いって言って、つばのような物を吐いたんや。それで、支えながら一緒に歩いて、居間まで着いたら急にバタッと倒れて顔色が悪くなって」

「救急車に電話して、イチローさんを呼びに行って、ばあちゃんの体勢を整えてもらったら、ちょっと顔色が戻ったんやけど……」

やがて、真剣な表情をした救急隊員たちが出てきた。

「見ないでください、見ないでください」

身内である私と母は見てもいいはずなのに、そんな私たちに向かって救急隊員からそのような言葉が発せられる。まだ、やじ馬は一人もいない。

2月という厳寒の中、救急隊員たちが担架で上半身真っ裸のばあちゃんを心臓マッサージをしながら救急車まで運んでいる。

ばあちゃんの唇は真っ青だった。

一刻の猶予もない状況だった。

「ばあちゃん……」

救急車に乗せられるばあちゃんを母と父、私、夫のイチローが不安そうに見守る。

「救急車には誰が乗られますか？　早くしてください」

まずは母が救急車に乗り込んだ。

「ユウが一番医療のことわかるから」

そう言いながら母は救急車から降りてきた。

母に代わって私が急いで乗り込んだが、心細くて母を誘った。

「お母さんも乗ろうよ」

私に促され、母も再び乗り込んだ。

そして、誘われてもない父もなぜか飛び乗ってきた。

夫のイチローは救急車の脇で立ちすくんでいた。

「イチローさん、さおりの保育園のお迎えよろしく」

私の最後の言葉が夫のイチローに届いたかどうか定かではないまま、後方のドアが閉まり、救急車が発車した。救急車の中では心臓マッサージが続けられている。

「ばあちゃん、頑張れ」

青ざめたばあちゃんに私たちはそれしか言えなかった。

あんなに元気だったばあちゃんが死にかけていることが、ただただ、もう怖かった。

（お迎えが来るとか来ないとか、そんな冗談言うんじゃなかった）

激しい心臓マッサージを受け続けるばあちゃんの腕が、はらりと私の前に垂れ下がってきた。その手の爪には、ライトブルーの下地に百合の花のネイルアートが描かれていた。その百合の絵柄がなんとも哀しげに見えた。

私は、その腕を担架の上に戻し、ばあちゃんの片手を百合の花が見えなくなるくらい、自分の両手で覆うように握った。


「ピーポー、ピーポー」

「ピーポー、ピーポー」


「大学病院には断られましたので、大和病院になります」

大学病院の調理師を25年以上もやっていたのに、最後に裏切られてしまった。

「大和病院のほうが近いからいい」

「ピーポー、ピーポー」
「ピーポー、ピーポー」
「ばあちゃん、頑張れ」

心肺停止時間が長く、誰もが死んだかと思った年老いたヒロインは、実は奇跡の復活を遂げたのでした。

年　表

ばあちゃんの年齢	年月	出来事
82歳	2009年	14年間働いたうどん工場を辞める。
85歳	2012年4月	ユウが引っ越してくる。膝の痛みや耳のピリピリを訴える。
	2012年7月	要介護認定を受ける。要支援2。
	2012年8月	介護サービス開始（デイサービスは週2回、ヘルパーは週2回）。
	2012年9月～	物忘れ、置き忘れが目立ち、探し物が多くなり、物盗られ妄想も見られる。昼夜逆転、徘徊、夜間せん妄が起こる。
	2013年1月	物忘れ外来受診。アルツハイマー型認知症（中等度）と診断（レミニール4mg、セロクエルを処方される）。要介護認定の変更申請をし、要介護3となり、介護サービスを増やす（デイサービスは週5回、ヘルパーは週2回）。
86歳	2013年2月	ストーブで髪を燃やすことを主治医に相談し、レミニール8mgに増量。
	2013年3月～	大きな問題なく平穏に経過。
88歳	2015年2月	原因不明の心肺停止も命を取り留める（認知症とは直接関係はありません）。

あとがきにかえて

―そして、ばあちゃんはよみがえる―

ばあちゃんは、玄関先で唾のような物を吐き、その後居間で倒れ、心肺停止となりました。誰もが死んだかと思ったばあちゃんでしたが、一命を取り留めることになります。ばあちゃんがなぜ心肺停止となったのかは、いくら検査してもわからず、蘇生後も徐脈が続いたため、認知症の薬の副作用も考えられるが、結局のところわからないということになりました。ばあちゃんは、しばらく寝たきりとなり、もう医師にも見離され、家族もお別れをするような気持ちで見舞う毎日でした。ところが、医師の言葉とは裏腹にどんどん回復し、奇跡の復活を遂げることになります。死にかけたのが嘘だったかのように、今も元気に温泉デイサービスに通っています。

しかし、助かったら助かったで、助かることが、本当にばあちゃんにとってよかったのかということを正直、家族で考えてしまうこともあります。

家族が認知症になり、介護に携わるようになると本当にいろいろと考えさせられます。認知症の人を介護している家族は、認知症になってからの人生は本当に意味があるのか、と自問自答することが一度はあるのではないでしょうか。そして、家族の介護に関われば関わるほど、自分の老後にも自然と思いをはせるようになります。認知症になってまで自分は生きたくない、と介護をしていて思うこともあるでしょう。

最近、バリデーション療法（認知症の人とのコミュニケーション術）の開発者であるナオミ・フェイルさんの本を読み返しているのですが、認知症になると、その行動に、その人の生き様が色濃く出ていることがよくわかります。特に人生のなかで、心に閉じ込めた思いが認知症になってからの行動に影響することがあります。介護しているとそのあたりは、納得できる瞬間があると思います。『一〇三歳になってわかったこと』の著者の篠田桃紅さんも「生きている限り、人生は未完成」だとおっしゃっていますが、それは、認知症になっても同じなのだなと思います。生きている限り、人生の課題の達成に向かわねばならず、それは認知症になってもしかり。介護者や周りの者は、認知症の人が人生の課題を達成できるよう、マイナス感情を表出できるよう、そして、自分の人生に意味があったと納得して終末期を迎えられるよう支援しなくてはならないのです。課題というと大層ですが、結局のところ、本人のライフワークや人生の楽しみ方を認知症になってからも満喫できるように支援するということにつきます。うちのばあちゃんの場合は、ライフワークというほどのものはないですが、若い頃から、温泉や外出をするのが大好きなので、温泉デイに行けるようにしたり、温泉旅館に一緒に宿泊したり、共に外食をしたりしています。私自身も温泉も外食も好きなので、大変なときも多々ありますが、一緒に楽しむようにしています。

また、認知症の人の行動障害を目の当たりにすると、同時に介護している自分の人生もしっかり生きておかなければいけないと考えさせられます。認知症になってから、若き日のトラウマが思わぬところで出てこないように、自分の人生においても思いを心に閉じ込めないで、しっかり納得できない部分を解消しながら生きていかなければいけないと思うのです。認知症になっても、自分の軸となる部分は変わらないにしても、やはり認知症になってからいろんなことをやるのは大変そうだから、しっかりしているうちにある程度自分の大事にしていることは、やっておきたいとも思います。認知症介護は少し先の自分のことを考えながら、今をきちんと生きるためのいい機会でもあるのかもしれません。詰まるところ、介護している側も介護されている側もそれぞれに納得できる人生になることが望ましいんだと思います。

本書に、認知症介護が楽になる知恵、うちの家族の目一杯の明るさ、こうなったらいいなぁという未来の介護の形も盛り込みました。ペイズリー柄のシャワーチェアーは実際には存在しないと思いますが、ストーリーには登場させています。おしゃれな柄の大人用紙オムツもまだ、見ないですね。おしゃれな介護用品をはじめ、少しでも介護が明るくなることを推進していきたいと思っています。

本書を読んで、笑っていただき、知恵も是非、活用していただければ嬉しいです。何らかの形で、本書が皆様のお役に立てば幸いです。最後までお読みいただき、ありがとうございました。

最後に、本書を出版へと導いてくださった、企画のたまご屋さんの寺口様、メディカルパブリッシャーの桑原様に厚くお礼申し上げます。

巻末資料
要介護認定の認定調査資料

1-1　麻痺等の有無について、あてはまる番号すべてに○印をつけてください。

（複数回答可）

1.ない　2.左上肢　3.右上肢　4.左下肢　5.右下肢　6.その他（四肢の欠損）

1-2　拘縮の有無について、あてはまる番号すべてに○印をつけてください。

（複数回答可）

1.ない　2.肩関節　3. 股関節　4. 膝関節　5.その他 (四肢の欠損)

1-3　寝返りについて、あてはまる番号に一つだけ○印をつけてください。

1.つかまらないでできる　2.何かにつかまればできる　3.できない

1-4　起き上がりについて、あてはまる番号に一つだけ○印をつけてください。

1.つかまらないでできる　2.何かにつかまればできる　3.できない

1-5　座位保持について、あてはまる番号に一つだけ○印をつけてください。

1.できる　2.自分の手で支えればできる　3.支えてもらえればできる　4.できない

1-6　両足での立位保持について、あてはまる番号に一つだけ○印をつけてください。

1.支えなしでできる　2.何か支えがあればできる　3.できない

1-7　歩行について、あてはまる番号に一つだけ○印をつけてください。

1.つかまらないでできる　2.何かにつかまればできる　3.できない

1-8　立ち上がりについて、あてはまる番号に一つだけ○印をつけてください。

1.つかまらないでできる　2.何かにつかまればできる　3.できない

1-9　片足での立位保持について、あてはまる番号に一つだけ○印をつけてください。

1.支えなしでできる　2.何か支えがあればできる　3.できない

1-10　洗身について、あてはまる番号に一つだけ○印をつけてください。

1.介助されていない　2.一部介助　3.全介助　4.行っていない

1-11　つめ切りについて、あてはまる番号に一つだけ○印をつけてください。

1.介助されていない　2.一部介助　3.全介助

1-12　視力について、あてはまる番号に一つだけ○印をつけてください。

1.普通（日常生活に支障がない）　2.約1m離れた視力確認表の図が見える
3.目の前に置いた視力確認表の図が見える　4.ほとんど見えない
5.見えているのか判断不能

1-13 聴力について、あてはまる番号に一つだけ○印をつけてください。

1.普通　2.普通の声がやっと聞き取れる　3.かなり大きな声なら何とか聞き取れる 4.ほとんど聞えない　5.聞えているのか判断不能

2-1 移乗について、あてはまる番号に一つだけ○印をつけてください。

1.介助されていない	2.見守り等	3.一部介助	4.全介助

2-2 移動について、あてはまる番号に一つだけ○印をつけてください。

1.介助されていない	2.見守り等	3.一部介助	4.全介助

2-3 えん下について、あてはまる番号に一つだけ○印をつけてください。

1.できる	2.見守り等	3.できない

2-4 食事摂取について、あてはまる番号に一つだけ○印をつけてください。

1.介助されていない	2.見守り等	3.一部介助	4.全介助

2-5 排尿について、あてはまる番号に一つだけ○印をつけてください。

1.介助されていない	2.見守り等	3.一部介助	4.全介助

2-6 排便について、あてはまる番号に一つだけ○印をつけてください。

1.介助されていない	2.見守り等	3.一部介助	4.全介助

2-7 口腔清潔について、あてはまる番号に一つだけ○印をつけてください。

1. 介助されていない	2.一部介助	3.全介助

2-8 洗顔について、あてはまる番号に一つだけ○印をつけてください。

1. 介助されていない	2.一部介助	3.全介助

2-9 整髪について、あてはまる番号に一つだけ○印をつけてください。

1. 介助されていない	2.一部介助	3.全介助

2-10 上衣の着脱ついて、あてはまる番号に一つだけ○印をつけてください。

1.介助されていない	2.見守り等	3.一部介助	4.全介助

2-11 ズボン等の着脱ついて、あてはまる番号に一つだけ○印をつけてください。

1.介助されていない	2.見守り等	3.一部介助	4.全介助

2-12 外出頻度について、あてはまる番号に一つだけ○印をつけてください。

1.週1回以上	2.月1回以上	3.月1回未満

3-1　意思の伝達について、あてはまる番号に一つだけ○印をつけてください。

1.調査対象者が意思を他者に伝達できる	2.ときどき伝達できる
3.ほとんど伝達できない	4.できない

3-2　毎日の日課を理解することについて、あてはまる番号に一つだけ○印をつけてください。

1.できる	2.できない

3-3　生年月日や年齢を言うことについて、あてはまる番号に一つだけ○印をつけてください。

1.できる	2.できない

3-4　短期記憶（面接調査の直前に何をしていたか思い出す）について、あてはまる番号に一つだけ○印をつけてください。

1.できる	2.できない

3-5　自分の名前を言うことについて、あてはまる番号に一つだけ○印をつけてください。

1.できる	2.できない

3-6　今の季節を理解することについて、あてはまる番号に一つだけ○印をつけてください。

1.できる	2.できない

3-7　場所の理解（自分がいる場所を答える）について、あてはまる番号に一つだけ○印をつけてください。

1.できる	2.できない

3-8　徘徊について、あてはまる番号に一つだけ○印をつけてください。

1.ない	2.ときどきある	3.ある

3-9　外出すると戻れないことについて、あてはまる番号に一つだけ○印をつけてください。

1.ない	2.ときどきある	3.ある

4-1　物を盗られたなどと被害的になることについて、あてはまる番号に一つだけ○印をつけてください。

1.ない	2.ときどきある	3.ある

4-2　作話をすることについて、あてはまる番号に一つだけ○印をつけてください。

1.ない	2.ときどきある	3.ある

4-3 泣いたり、笑ったりして感情が不安定になることについて、あてはまる番号に一つだけ○印をつけてください。

1.ない	2.ときどきある	3.ある

4-4 昼夜の逆転について、あてはまる番号に一つだけ○印をつけてください。

1.ない	2.ときどきある	3.ある

4-5 しつこく同じ話をすることについて、あてはまる番号に一つだけ○印をつけてください。

1.ない	2.ときどきある	3.ある

4-6 大声をだすことについて、あてはまる番号に一つだけ○印をつけてください。

1.ない	2.ときどきある	3.ある

4-7 介護に抵抗することについて、あてはまる番号に一つだけ○印をつけてください。

1.ない	2.ときどきある	3.ある

4-8 「家に帰る」等と言い落ち着きがないことについて、あてはまる番号に一つだけ○印をつけてください。

1.ない	2.ときどきある	3.ある

4-9 一人で外に出たがり目が離せないことについて、あてはまる番号に一つだけ○印をつけてください。

1.ない	2.ときどきある	3.ある

4-10 いろいろなものを集めたり、無断でもってくることについて、あてはまる番号に一つだけ○印をつけてください。

1.ない	2.ときどきある	3.ある

4-11 物を壊したり、衣類を破いたりすることについて、あてはまる番号に一つだけ○印をつけてください。

1.ない	2.ときどきある	3.ある

4-12 ひどい物忘れについて、あてはまる番号に一つだけ○印をつけてください。

1.ない	2.ときどきある	3.ある

4-13 意味もなく独り言や独り笑いをすることについて、あてはまる番号に一つだけ○印をつけてください。

1.ない	2.ときどきある	3.ある

4-14 自分勝手に行動することについて、あてはまる番号に一つだけ○印をつけてください。

1.ない	2.ときどきある	3.ある

4-15 話がまとまらず、会話にならないことについて、あてはまる番号に一つだけ○印をつけてください。

1.ない	2.ときどきある	3.ある

5-1 薬の内服について、あてはまる番号に一つだけ○印をつけてください。

1.ない	2.一部介助	3.全介助

5-2 金銭の管理について、あてはまる番号に一つだけ○印をつけてください。

1.自立	2.一部介助	3.全介助

5-3 日常の意思決定について、あてはまる番号に一つだけ○印をつけてください。

1.できる	2.特別な場合を除いてできる	3.日常的に困難	4.できない

5-4 集団への不適応について、あてはまる番号に一つだけ○印をつけてください。

1.ない	2.ときどきある	3.ある

5-5 買い物について、あてはまる番号に一つだけ○印をつけてください。

1.できる	2.見守り等	3.一部介助	4.全介助

5-6 簡単な調理について、あてはまる番号に一つだけ○印をつけてください。

1.できる	2.見守り等	3一部介助	4.全介助

6 過去14日間に受けた医療について、あてはまる番号すべてに○印をつけてください。（複数回答可）

処置内容
1.点滴の管理　2.中心静脈栄養　3.透析　4.ストーマ（人工肛門）の処置
5.酸素療法　6.レスピレーター（人工呼吸器）　7.気管切開の処置
8.疼痛の看護　9.経管栄養

特別な対応
10.モニター測定（血圧、心拍、酸素飽和度等）　11.じょくそうの処置
12.カテーテル（コンドームカテーテル、留置カテーテル、ウロストーマ等）

7 日常生活自立度について、各々該当するものに一つだけ○印をつけてください。

障害高齢者の日常生活自立度 （寝たきり度）	自立・J1・J2・A1・A2・B1・B2・C1・C2
認知症高齢者の日常生活自立度	自立・Ⅰ・Ⅱa・Ⅱb・Ⅲa・Ⅲb・Ⅳ・M

参考文献

●飯島裕一、佐古泰司,認知症の正体、PHP研究所、2011
●一般財団法人国際技能・技術振興財団認定資格 特定非営利活動法人 予防医学推進協議会監修、認知症予防食生活支援指導員試験公式テキスト、TAC出版、2015
●浦上克哉、アロマで予防！認知症、主婦の友社、2014
●岡本　卓、アルツハイマー病とは何か、KADOKAWA、2014
●奥村　歩、うちの親、認知症かな？と、思ったら読む本、あさ出版2011
●数井　裕光他、認知症知って安心！症状別対応ガイド、メディカルレビュー社、2014
●児玉桂子他、PEAPにもとづく認知症ケアのための施設環境づくり実践マニュアル、中央法規2010
●小山敬子、なぜ、「回想療法」が認知症に効くのか、祥伝社、2011
●篠田 桃紅、一〇三歳になってわかったこと―人生は一人でも面白い、幻冬舎、2015
●都村尚子、バリデーションへの誘い、全国コミュニティライフサポートセンター、2015
●田中宏明、芳賀大輔,高畑進一、井上英治、小林徹「思い出塗り絵」が軽度認知症患者の認知機能、心理機能、および日常生活面に与える効果2009
●長谷川和夫、よくわかる認知症の教科書、朝日新聞出版、2013
●六角僚子、認知症ケアの考え方と技術、医学書院、2011
●「徘徊の母　この街が居場所」認知症社会を支える、朝日新聞、2015年6月13日
●「糖尿病　脳にダメージ」朝日新聞　2016年6月16日
●厚生労働省、かかりつけ医のためのBPSDに対応する向精神薬使用のガイドライン
http://www.mhlw.go.jp/stf/houdou/2r98520000036k0c-att/2r98520000036k1t.pdf 2012
●Naomi Feil、バリデーション、筒井書房、2009
●日本ブレインヘルス協会,脳を活性化する塗り絵認知症に対する改善効果も期待
http://prtimes.jp/main/html/rd/p/000000002.000000340.html 2007
●塗り絵でアンチエイジング
http://bp.shogakukan.co.jp/kiichi/serialization7.html 2012
●知っておきたい認知症について
http://www.icarastudy.com/treatment/post-80.html
●認知症フォーラム.com
http://www.ninchisho-forum.com/
●認知症ねっと
https://info.ninchisho.net/
●認知症：過食、昼寝など周辺症状に注意、日経メディカル、8月19日、2013
http://medical.nikkeibp.co.jp/leaf/all/special/sped/1308dm/201308/532024.html?ref=RL2#
●認知症online
http://ninchisho-online.com/archives/12312/
●Patricia A.Tabloski. Gerontological Nursing 2007. Pearson Prentice Hall
Slow walking speed, memory complaints can predict dementia, Science daily, July 25, 2014
●厚生労働省、要介護認定　認定調査員テキスト2009改訂版
http://www.mhlw.go.jp/file/06-Seisakujouhou-12300000-Roukenkyoku/0000077237.pdf

著者 速水ユウ

大阪府出身。大阪府立看護大学（現大阪府立大学）を卒業後、看護師（病院勤務）を経て、保健師として役所の介護保険の部署にて勤務し、要介護認定調査、家庭訪問、介護相談、広報業務に携わる。その後、アメリカに留学し、ミズーリ大学社会学学士課程、ミネソタ州立大学女性学修士課程修了。留学の前後、事務系および医療系派遣社員を経験する。その後、慶應義塾大学看護医療学部地域看護助教、甲南女子大学看護リハビリテーション学部老年看護助教を経て、現在は企業にて保健指導のかたわら執筆活動をしている。趣味は家庭菜園。野菜ソムリエプロ、認知症予防食生活支援指導員。

認知症介護ラプソディ
笑って学ぶ認知症介護が楽になる40の知恵

2016年9月28日　第1版第1刷発行
2017年3月１日　第1版第2刷発行

著　者　速水ユウ
発行者　松田 敏明
発行所　株式会社 メディカルパブリッシャー
〒102-0073 東京都千代田区九段北 1-8-3 カサイビルⅡ 2F
TEL 03-3230-3841
Mail info@medicalpub.co.jp
HP http://www.medicalpub.co.jp

ISBN 978-4-944109-06-7

企画協力　NPO 法人 企画のたまご屋さん
装丁・本文デザイン　津浦幸子（マイム）
イラスト　林まさのり（林デザイン事務所）
印刷・製本所　シナノ印刷株式会社